Kohlhammer

Die Autorinnen

Dr. med. Mirjam N. Landgraf, Dipl.-Psych., Fachärztin für Kinder- und Jugendmedizin mit Schwerpunkt Neuropädiatrie, ist Leiterin der TESS-Ambulanz (für Risikokinder mit ToxinExposition in der SchwangerSchaft) am iSPZ Hauner des Dr. von Haunerschen Kinderspitals, Klinikum der Universität München, Ludwig-Maximilians-Universität München (LMU); Koordinatorin der S3-Leitlinie Diagnose der Fetalen Alkoholspektrumstörungen (FASD); Bundesbeauftragte für FASD der Gesellschaft für Neuropädiatrie (GNP).

Prof. Dr. phil. Tanja Hoff, Dipl.-Psych., approb. Psychologische Psychotherapeutin, ist Professorin für Psychosoziale Prävention, Intervention und Beratung an der KatHO NRW; Mitglied des dortigen Deutschen Instituts für Sucht- und Präventionsforschung (www.¬disup.de) mit Forschungsprojekten u. a. zu Prävention des Alkohol- und Tabakkonsums in Schwangerschaft und Stillzeit. Akademische Studiengangsleitung des Weiterbildungsmasterstudiengangs »Master of Counseling – Ehe-, Familien- und Lebensberatung«.

Mirjam N. Landgraf
Tanja Hoff

Fetale Alkoholspektrumstörungen

Diagnostik, Therapie, Prävention

Verlag W. Kohlhammer

Dieses Werk einschließlich aller seiner Teile ist urheberrechtlich geschützt. Jede Verwendung außerhalb der engen Grenzen des Urheberrechts ist ohne Zustimmung des Verlags unzulässig und strafbar. Das gilt insbesondere für Vervielfältigungen, Übersetzungen, Mikroverfilmungen und für die Einspeicherung und Verarbeitung in elektronischen Systemen.

Pharmakologische Daten verändern sich ständig. Verlag und Autoren tragen dafür Sorge, dass alle gemachten Angaben dem derzeitigen Wissensstand entsprechen. Eine Haftung hierfür kann jedoch nicht übernommen werden. Es empfiehlt sich, die Angaben anhand des Beipackzettels und der entsprechenden Fachinformationen zu überprüfen.

Aufgrund der Auswahl häufig angewendeter Arzneimittel besteht kein Anspruch auf Vollständigkeit.

Die Wiedergabe von Warenbezeichnungen, Handelsnamen und sonstigen Kennzeichen in diesem Buch berechtigt nicht zu der Annahme, dass diese von jedermann frei benutzt werden dürfen. Vielmehr kann es sich auch dann um eingetragene Warenzeichen oder sonstige geschützte Kennzeichen handeln, wenn sie nicht eigens als solche gekennzeichnet sind.

Dieses Werk enthält Hinweise/Links zu externen Websites Dritter, auf deren Inhalt der Verlag keinen Einfluss hat und die der Haftung der jeweiligen Seitenanbieter oder -betreiber unterliegen. Zum Zeitpunkt der Verlinkung wurden die externen Websites auf mögliche Rechtsverstöße überprüft und dabei keine Rechtsverletzung festgestellt. Ohne konkrete Hinweise auf eine solche Rechtsverletzung ist eine permanente inhaltliche Kontrolle der verlinkten Seiten nicht zumutbar. Sollten jedoch Rechtsverletzungen bekannt werden, werden die betroffenen externen Links soweit möglich unverzüglich entfernt.

1. Auflage 2019

Alle Rechte vorbehalten
© W. Kohlhammer GmbH, Stuttgart
Gesamtherstellung: W. Kohlhammer GmbH, Heßbrühlstr. 69, 70565 Stuttgart
produktsicherheit@kohlhammer.de

Print:
ISBN 978-3-17-024320-0

E-Book-Formate:
pdf: ISBN 978-3-17-024321-7
epub: ISBN 978-3-17-024322-4
mobi: ISBN 978-3-17-024323-1

Abkürzungen und Begriffserläuterungen

ADHS	Aufmerksamkeitsdefizit-Hyperaktivitäts-Störung
ADS	Aufmerksamkeitsstörung ohne hyperaktive Komponente
ARBD	alkoholbedingte angeborene Malformationen (alcohol related birth defects)
ARND	alkoholbedingte entwicklungsneurologische Störung (alcohol related neurodevelopmental disorder)
AUDIT-C	Screening-Instrument für riskanten Alkoholkonsum (alcohol use disorders identification test – consumption)
BZgA	Bundeszentrale für gesundheitliche Aufklärung
Binge drinking	Rauschtrinken, mind. 5 Getränke zu einer Gelegenheit
CAGE-Fragebogen	Fragebogen zur Messung eines riskanten Alkoholkonsums (Cut down – Annoyed – Guilty – Eye-opener, deutsch: Reduzieren – Verägert sein – Sich schuldig fühlen – Augenöffner)
CBCL	Child Behavior Checklist
HTA	Health Technology Assessment
Intrauterin	in der Gebärmutter
IQ	Intelligenzquotient
Faciale Auffälligkeiten	Auffälligkeiten des Gesichts
FAS	Fetales Alkoholsyndrom
FASD	Fetale Alkoholspektrumstörungen
Mikrocephalie	unterdurchschnittlicher Kopfumfang
pFAS	partielles Fetales Alkoholsyndrom

Abkürzungen und Begriffserläuterungen

RCT	randomisierte, kontrollierte, d. h. im Kontrollgruppendesign durchgeführte Studie (randomized controlled trial)
T-ACE-Fragebogen	Fragebogen zur Messung des Alkoholkonsums bei Schwangeren, basierend auf CAGE-Fragebogen (Tolerance – Annoyed – Cut down – Eye-opener)
TWEAK-Fragebogen	Fragebogen zur Messung des Alkoholkonsums bei Schwangeren) (Tolerance – Worried – Eye-opener – Amnesia – C(K)ut down)
VÄSE	deutschsprachiger Fragebogen zur Messung von riskantem bzw. schädlichen Alkoholkonsum, basierend auf CAGE-Fragebogen (Verringern – Ärger – Schuldgefühle – Einstiegstrunk)
ZNS	Zentrales Nervensystem

Geleitwort der Reihenherausgeber

Die Entwicklungen der letzten Jahrzehnte im Suchtbereich sind beachtlich und erfreulich. Dies gilt für Prävention, Diagnostik und Therapie, aber auch für die Suchtforschung in den Bereichen Biologie, Medizin, Psychologie und den Sozialwissenschaften. Dabei wird vielfältig und interdisziplinär an den Themen der Abhängigkeit, des schädlichen Gebrauchs und der gesellschaftlichen, persönlichen und biologischen Risikofaktoren gearbeitet. In den unterschiedlichen Alters- und Entwicklungsphasen sowie in den unterschiedlichen familiären, beruflichen und sozialen Kontexten zeigen sich teils überlappende, teils sehr unterschiedliche Herausforderungen.

Um diesen vielen neuen Entwicklungen im Suchtbereich gerecht zu werden, wurde die Reihe »Sucht: Risiken – Formen – Interventionen« konzipiert. In jedem einzelnen Band wird von ausgewiesenen Expertinnen und Experten ein Schwerpunktthema bearbeitet.

Die Reihe gliedert sich konzeptionell in drei Hauptbereiche, sog. »tracks«:

Track 1: Grundlagen und Interventionsansätze
Track 2: Substanzabhängige Störungen und Verhaltenssüchte im Einzelnen
Track 3: Gefährdete Personengruppen und Komorbiditäten

In jedem Band wird auf die interdisziplinären und praxisrelevanten Aspekte fokussiert, es werden aber auch die neuesten wissenschaftlichen Grundlagen des Themas umfassend und verständlich dargestellt. Die Leserinnen und Leser haben so die Möglichkeit, sich entweder Stück für Stück ihre »persönliche Suchtbibliothek« zusammenzustellen oder aber mit einzelnen Bänden Wissen und Können in einem bestimmten Bereich zu erweitern.

Geleitwort der Reihenherausgeber

Unsere Reihe »Sucht« ist geeignet und besonders gedacht für Fachleute und Praktiker aus den unterschiedlichen Arbeitsfeldern der Suchtberatung, der ambulanten und stationären Therapie, der Rehabilitation und nicht zuletzt der Prävention. Sie ist aber auch gleichermaßen geeignet für Studierende der Psychologie, der Pädagogik, der Medizin, der Pflege und anderer Fachbereiche, die sich intensiver mit Suchtgefährdeten und Suchtkranken beschäftigen wollen.

Die Herausgeber möchten mit diesem interdisziplinären Konzept der Sucht-Reihe einen Beitrag in der Aus- und Weiterbildung in diesem anspruchsvollen Feld leisten. Wir bedanken uns beim Verlag für die Umsetzung dieses innovativen Konzepts und bei allen Autoren für die sehr anspruchsvollen, aber dennoch gut lesbaren und praxisrelevanten Werke.

Mit dem vorliegenden Band von Mirjam N. Landgraf und Tanja Hoff erfolgt die notwendige Fokussierung für alle in der Suchtforschung, -therapie und -prävention und in den benachbarten Arbeitsfeldern Tätigen auf die pränatale Phase der menschlichen Entwicklung. Aus heutiger Sicht ist es mehr als erstaunlich, dass das Störungsbild des Fetalen Alkoholsyndroms (FAS) erst 1973 erstmals wissenschaftlich beschrieben wurde und seitdem nach und nach Einzug in das Fachwissen der Fachkräfte – vor allem in den Bereichen Gynäkologie und Pädiatrie – gefunden hat. Inzwischen wird in der internationalen Literatur das Konzept der Fetalen Alkoholspektrumstörungen (FASD) als Umbrella-Konzept für eine ganze Reihe unterschiedlicher Phänomene und Symptomatiken benutzt. Diese werden in diesem Band genauer dargestellt und vertieft. Wie immer werden sowohl wissenschaftlich relevante Ergebnisse als auch praxisrelevante Folgerungen vorgelegt. Besonders breiten Raum erfahren dabei die Bereiche der Diagnostik und Prävention. Wir wünschen allen Leserinnen und Lesern einen Kenntnisgewinn, der letzten Endes den betroffenen Personen, den Schwangeren und Ungeborenen zugutekommen soll.

Oliver Bilke-Hentsch, Winterthur/Zürich
Euphrosyne Gouzoulis-Mayfrank, Köln
Michael Klein, Köln

Inhalt

Abkürzungen und Begriffserläuterungen	5
Geleitwort der Reihenherausgeber	7
Einleitung	13

Prävalenz, Diagnostik und Therapie der Fetalen Alkoholspektrumstörungen
Mirjam N. Landgraf

1	**Suchtmittelkonsum und Schwangerschaft – Häufigkeiten, Risikofaktoren und Folgen**	**19**
1.1	Suchtmittelkonsum in der Schwangerschaft	19
1.1.1	Prävalenzen des legalen Substanzkonsums	19
1.1.2	Prävalenzen des illegalen Substanzkonsums	21
1.2	Risiko- und Einflussfaktoren für Alkoholkonsum in der Schwangerschaft	23
1.3	Folgen des mütterlichen Alkoholkonsums in der Schwangerschaft	27
1.3.1	Folgen für die Kinder	27
1.3.2	Folgen für die Eltern	28

2	**Diagnostik der Fetalen Alkoholspektrumstörungen (FASD)**	**30**
2.1	Fetales Alkoholsyndrom (FAS)	32
2.2	Partielles Fetales Alkoholsyndrom (pFAS)	40
2.3	Alkoholbedingte entwicklungsneurologische Störung (ARND)	42
2.4	Differentialdiagnosen	43

3	**Entwicklungsrisiken und -störungen von Kindern mit FASD**	**47**
3.1	Körperliche Entwicklungsrisiken	47
3.2	Kognitive Entwicklungsrisiken	49
3.3	Psychosoziale Entwicklungsrisiken	53

4	**Behandlungsansätze**	**57**
4.1	Therapiemöglichkeiten und -notwendigkeiten bei FASD	57
4.1.1	Protektive Faktoren als Therapienotwendigkeit	57
4.1.2	Grundsätze therapeutischer Möglichkeiten	61
4.2	Psychotherapie	66
4.3	Sprachtherapie, Physiotherapie, Ergotherapie	66
4.4	Sozial- und heilpädagogische Angebote	68
4.5	Medikamentöse Therapie	69
4.6	Vernetzte Versorgung	70

Prävention von Alkoholkonsum in der Schwangerschaft und Fetaler Alkoholspektrumstörungen
Tanja Hoff

5	**Konzepte, Methoden und Rahmenbedingungen der Prävention**	**75**
5.1	Grundlagen	75
5.1.1	Präventionsmodelle	76
5.1.2	FASD-Prävention: ein erster Überblick	81
5.2	Politische und rechtliche Rahmenbedingungen von Präventionsmöglichkeiten zu Alkoholkonsum in der Schwangerschaft	88
5.2.1	Politische Rahmenbedingungen	88
5.2.2	Rechtliche Rahmenbedingungen	93
5.3	Aufklärung und Sensibilisierung zu Alkoholkonsum in der Schwangerschaft und den Folgen für das ungeborene Kind	95
5.3.1	Allgemeine Aufklärung und Sensibilisierung in der Bevölkerung	95
5.3.2	Wirkung und Probleme massenmedialer Aufklärungskampagnen	96
5.3.3	Warnhinweise	98
5.4	Präventionsansätze in der Schule	101
5.5	Prävention in der gynäkologischen Praxis	105
5.5.1	Möglichkeiten der FASD-Prävention in der gynäkologischen Praxis	105
5.5.2	Kurzinterventionen im medizinisch-ambulanten Setting	106
5.5.3	Barrieren der Umsetzung	107
5.6	Prävention im nicht-medizinischen Bereich am Beispiel der Schwangerschaftsberatungsstellen	111

5.6.1	Praxisbeispiel: »Kölner Interventionsmodell« in der Schwangerschaftsberatungstelle und weiteren frühen Hilfen	112
5.7	Prävention durch Online-Interventionsangebote	123
5.7.1	Praxisbeispiel: Online-Plattform und -Training »IRIS«	124
5.7.2	Allgemeine Risiken und Vorteile von Online-Interventionen	127
5.8	Prävention durch vernetzte Strukturen und Interventionen	130

6	**Ausblick**	**137**

Literatur	**141**

Weiterführende Informationen	**154**

Anhang: Vorschläge für die neuropsychologische Diagnostik bei Kindern und Jugendlichen mit Verdacht auf FASD	**155**

Stichwortverzeichnis	**161**

Einleitung

Fetale Alkoholspektrumstörungen – was ist das denn? Früher häufig als *Alkoholembryopathie* bezeichnet und darauf beschränkt, fasst der international verwendete Begriff nunmehr alle Formen der Beeinträchtigungen eines Kindes zusammen, die durch den Alkoholkonsum der Mutter in der Schwangerschaft entstehen können. Hierunter fallen im engeren Sinne das »Vollbild« Fetales Alkoholsyndrom (FAS), aber auch das partielle Fetale Alkoholsyndrom (pFAS), sowie die alkoholbedingten entwicklungsneurologischen Störungen (ARND). Unabhängig von verschiedenen Risiko- und Schutzfaktoren, die das Entstehen dieser Krankheitsbilder wahrscheinlicher oder unwahrscheinlicher machen, ist *der* wesentliche Ursachenfaktor: Der Konsum von Alkohol in der Schwangerschaft.

Die Vielfalt der Symptome und Belastungen bei den geschädigten Kindern stellen Betroffene selbst, deren Familien und Fachkräfte der Professionen aus Medizin, Psychologie, Sozialer Arbeit, Pädagogik etc. vor enorme Herausforderungen. Das vorliegende Buch soll den derzeitigen Wissensstand zu Diagnostik, Therapie und Prävention kompakt darstellen und damit interdisziplinär zu einer verbesserten Versorgung beitragen.

Im ersten Teil des Buches widmet sich Frau Dr. med. Dipl.-Psych. Mirjam N. Landgraf, München, dem Themengebiet der Diagnostik und Therapie Fetaler Alkoholspektrumstörungen. Kapitel 1 behandelt entsprechend Häufigkeiten und Einflussfaktoren des Alkoholkonsums in der Schwangerschaft, Kapitel 2 erläutert ausführlich die Diagnostik und Differentialdiagnostik der Fetalen Alkoholspektrumstörungen. Nur wenn die alkoholbedingten Störungen erkannt werden – und hier müssen wir von einer deutlichen Unterdiagnostik sowohl in Deutschland als auch international ausgehen – können adäquate Behandlungen und Hilfen etabliert werden. Nach der Vorstellung der Entwicklungsrisiken und -verläufen von FASD-betroffenen Kindern in Kapitel 3 werden in Kapitel 4 Therapiemöglichkeiten erörtert.

Mit einer Prävalenz von ca. 1 % in Deutschland sind die Fetalen Alkoholspektrumstörungen als lebenslang bestehende Behinderung deutlich häufiger als beispielsweise das Down-Syndrom (ca. 0,2 %) – wären aber bei konsequenter Vermeidung des Alkoholkonsums in der Schwangerschaft zu 100 % zu verhindern. Dass dies in einer alkoholaffinen Gesellschaft wie Deutschland an verschiedenen Barrieren scheitert, liegt nicht nur am Verhalten der Schwangeren im Umgang mit Alkohol, sondern vielfach auch an unzureichenden Präventionsketten von der Schulzeit bis hin zur Schwangerenbegleitung. Der Wissensstand in der Allgemeinbevölkerung, aber auch unter Fachkräften ist nach wie vor zu gering, um ein signifikantes Absenken der Prävalenzraten erwarten zu lassen. Zum Themengebiet Prävention des Alkoholkonsums in der Schwangerschaft und Fetaler Alkoholspektrumstörungen führt Prof. Dr. Dipl.-Psych. Tanja Hoff, Köln, im zweiten Teil dieses Buches in Kapitel 5 die strukturellen und politischen Rahmenbedingungen sowie Inhalte und Methoden der aktuellen Präventionsbemühungen aus.

Im Spannungsfeld der beteiligten Betroffenen und Fachkräfte ist eines nicht zu vergessen: Nicht Forderungen, Zwang, Diskriminierung oder moralische Verurteilung helfen Frauen, in der sensiblen Phase der Schwangerschaft auf Alkohol zu verzichten. Sondern es bedarf eines differenzierten psychologischen und medizinischen Wissens, vor allem aber einer unterstützenden, empathischen und fördernden Haltung, die ursächlichen und aufrechterhaltenden Bedingungen zu verstehen, wegen der Schwangere auf Alkohol nicht verzichten oder nicht verzichten können. Gelingt eine wertschätzende, verstehende beraterische Beziehung in den verschiedenen Feldern der Arbeit mit Schwangeren und gebärfähigen Frauen, können auch Wege zur Alkoholkonsumreduktion und Abstinenz für und mit den Klientinnen eröffnet werden. Gleiches gilt für die notwendigen diagnostischen Wege möglichst früh in der Kindheit: Liegen Entwicklungsverzögerungen oder Verhaltensauffälligkeiten vor, die trotz pädagogischer oder therapeutischer Bemühungen keine

Verbesserungen zeigen, ist – auch bei fehlenden physiognomonischen Veränderungen – an eine diagnostische Abklärung einer Fetalen Alkoholspektrumstörung zu denken. Die Feststellung einer solchen Diagnose ist oft für das System – trotz der Perspektive einer lebenslangen Behinderung – auch eine Entlastung, weil auftretende Probleme in der psychosozialen Entwicklung des Kindes besser verstanden werden können und Erwartungshaltungen sich verändern.

Hilfreiche und wirksame Therapie- und Präventionsangebote dauerhaft zu implementieren muss das langfristige Ziel aller Interventionsbemühungen für diese Zielgruppe sein.

Wenn bei bestimmten Begriffen, die sich auf Personengruppen beziehen, nur die männliche Form gewählt wurde, so ist dies nicht geschlechtsspezifisch gemeint, sondern geschah ausschließlich aus Gründen der besseren Lesbarkeit.

Prävalenz, Diagnostik und Therapie der Fetalen Alkoholspektrumstörungen

Mirjam N. Landgraf

1

Suchtmittelkonsum und Schwangerschaft – Häufigkeiten, Risikofaktoren und Folgen

1.1 Suchtmittelkonsum in der Schwangerschaft

1.1.1 Prävalenzen des legalen Substanzkonsums

Alkoholkonsum in der Schwangerschaft

Laut der Studie »Gesundheit in Deutschland Aktuell« (GEDA 2011) haben knapp 20 % der schwangeren Frauen einen moderaten Alkoholkonsum (Wert im AUDIT-C von 1–3) und knapp 8 % einen riskanten Alkoholkonsum (Wert im AUDIT-C von ≥ 4).

1 Suchtmittelkonsum und Schwangerschaft

Der AUDIT-C (alcohol use disorders identification test-consumption; Bush et al. 1998) ist ein Screening-Instrument zur Identifikation von riskantem Alkoholkonsum, von Alkoholmissbrauch und -abhängigkeit. Er besteht aus drei Fragen, deren Antworten mit jeweils 0 bis 4 Punkten bewertet werden, sodass ein Gesamtwert von minimal 0 bis maximal 12 Punkten resultiert.

12 % der Schwangeren geben ein *binge drinking* (entspricht einem Rauschtrinken, ≥ 5 Getränke pro Gelegenheit) seltener als einmal pro Monat an, knapp 4 % jeden Monat und 0,1 % mindestens jede Woche an.

Im direkten Vergleich von elf europäischen Ländern ergaben sich in einer anonymen Online-Befragung deutliche regionale Unterschiede (Mårdby et al. 2017). Der Fragebogen erfasste den Alkohol- und Tabakkonsum während der Schwangerschaft sowie soziodemografische Faktoren und stand im Zeitraum von Oktober 2011 bis Februar 2012 für Schwangere bzw. Mütter nach der Geburt online zu Verfügung. Von 7905 teilnehmenden Frauen berichteten 15,8 % von einem Alkoholkonsum in der Schwangerschaft; davon besonders betroffen waren Großbritannien (28.5 %), Russland (26,5 %) und die Schweiz (20,9 %), während Norwegen (4,1 %), Schweden (7,2 %) und Polen (9,7 %) vergleichsweise geringe Prävalenzen aufwiesen.

Laut aktuellem Wissensstand kann keine für alle Schwangeren geltende, für das ungeborene Kind ungefährliche Menge an mütterlichem Alkoholkonsum bestimmt werden.

> **Merke**
> Ca. 28 % der Frauen in Deutschland trinken Alkohol in der Schwangerschaft, ca. 16 % zeigen ein binge-drinking-Verhalten.

Nikotinkonsum in der Schwangerschaft

Laut KIGGS Ergebnissen (Bergmann et al. 2007; Erfassung zwischen 2003 und 2006) rauchen ca. 18 % aller Mütter in Deutschland während der Schwangerschaft. Risikofaktoren waren niedrigere soziale

Schicht, kein Migrationshintergrund und wohnhaft in einer Großstadt.

In einer aktuellen irischen Studie (Reynolds et al. 2017) zeigte sich über einen Verlauf von fünf Jahren ein signifikanter Rückgang der rauchenden Schwangeren von 14,3 % auf 10,9 % (n = 42509, durchschnittliches Alter = 31,4 ± 5,5 Jahre). Risikofaktoren für das Rauchen während der Schwangerschaft waren ein jüngeres Alter, Arbeitslosigkeit, Multiparität, ungewollte Schwangerschaft, psychiatrische Erkrankungen, Konsum von Alkohol und/oder illegalen Drogen.

1.1.2 Prävalenzen des illegalen Substanzkonsums

Prävalenzdaten zum Konsum illegaler Substanzen in der Schwangerschaft sind in den wenigsten Ländern verfügbar und liegen zudem häufig in sehr unterschiedlicher methodologischer und damit nicht vergleichbarer Form vor (European Monitoring Centre for Drugs and Drug Addiction 2012). Eine annähernde Schätzung des illegalen Substanzkonsums in der Schwangerschaft ist aufgrund häufiger Verschweigungstendenzen, aber auch geringerer Inanspruchnahme von vor- und nachgeburtlichen Hilfen betroffener Schwangerer äußerst schwierig. Im amerikanischen National Survey on Drug Use and Health konsumierten nach Selbstauskunft in der Erhebungswelle 2012/2013 5,4 % aller schwangeren Frauen kürzlich illegale Substanzen (z. B. Cannabis, Kokain, Halluzinogene, Heroin, Methamphetamin, missbräuchlich verschreibungspflichtige Medikamente) (U.S. Department of Health and Human Services 2014). Besonders auffällig in den amerikanischen Daten über die vergangenen Erhebungswellen ist, dass vor allem sehr junge Schwangere illegale Substanzen konsumierten: 14,6 % der 15- bis 17-Jährigen, 8,6 % der 18- bis 25-Jährigen und 3,2 % der 26- bis 44-Jährigen. Dabei wurden computerunterstützte Interviewformen genutzt, die als relativ valide gegenüber face-to-face-Interviews gelten, auch wenn generell von Unterschätzungen der tatsächlichen Prävalenzen aufgrund von Antworttendenzen auch unter Schwangeren ausgegangen werden muss.

1 Suchtmittelkonsum und Schwangerschaft

Dies zeigt sich auch in Untersuchungen, die biologische Marker mit Selbstauskünften der Schwangeren in Zusammenhang stellen. So fanden Friguls et al. (2012) in einer spanischen Studie bei 16 % der werdenden Mütter in Haaranalysen biologische Marker für illegale Substanzen während des letzten Trimesters, jedoch gaben lediglich 2 % der Mütter einen solchen Konsum an.

Ebenfalls in einer spanischen Studie (Roca Comas et al. 2017) wurden alle schwangeren Frauen um den Geburtstermin in einem Regionalkrankenhaus über einen einjährigen Zeitraum hinsichtlich des Substanzkonsums laboranalytisch untersucht. Dies geschah allerdings mit der zwar forschungsethisch notwendigen, aber aussagelimitierenden Einholung des Einverständnisses der Frauen; 83,6 % der angesprochenen 862 Frauen stimmten hier zu. Bei 5,4 % der Teilnehmerinnen wurden Hinweise auf Substanzkonsum gefunden. Während keine der Teilnehmerinnen positiv auf Opioide getestet wurde, war die häufigste identifizierte Substanz Cannabis. Auch im aktuellen Deutschen Epidemiologischen Suchtsurvey (Gomes de Matos 2016), nach dem 5,8 % aller Frauen zwischen 18 und 64 Jahren illegale Substanzen konsumieren, gilt Cannabis unter beiden Geschlechtern als häufigste konsumierte illegale Droge.

Besonders zu bedenken, auch im Sinne des Schutzes des ungeborenen Kindes, ist, dass viele Konsumentinnen illegaler Substanzen häufig nicht nur eine Substanz konsumieren, sondern unter einer *Polytoxikomanie* leiden. Auch auf die Dynamik von ggf. ungewollten Schwangerschaften ist hinzuweisen, die sich sowohl motivierend als auch schädigend auf das Verhalten dieser Schwangeren auswirken können: Sowohl die Motivation, das Kind zu schützen, als auch Abwehr und Aggression gegenüber dem Ungeborenen aufgrund einer ungewollten Schwangerschaft sind zu beobachten. Im ersten Fall gelingt ggf. eine Reduktion (aber meist keine völlige Abstinenz) zum Schutze des Kindes, im zweiten Fall ist der schwangeren Mutter in einigen Fällen das Wohl des Ungeborenen gleichgültig bis hin zum Wunsch, das Kind schädigen bzw. loswerden zu wollen.

1.2 Risiko- und Einflussfaktoren für Alkoholkonsum in der Schwangerschaft

> **Merke**
> Die Bestimmung von Risikofaktoren für Alkoholkonsum in der Schwangerschaft ist wichtig, um das medizinische, psychologische und sozialpädagogische Fachpersonal bezüglich daraus resultierender Risikopopulationen zu sensibilisieren. Erst dadurch kann den identifizierten Risikogruppen unter den zukünftigen Eltern eine intensivierte Aufklärung angeboten werden.
> Ziel ist die Reduktion der Prävalenz von mütterlichem bzw. elterlichem Alkoholkonsum während der Schwangerschaft und damit der Inzidenz von FASD.

Die durch eine systematische Literaturrecherche belegten Risikofaktoren für mütterlichen Alkoholkonsum in der Schwangerschaft sind hier aufgeführt (laut europäischer Literatur, Landgraf und Heinen 2016a):

Alter

- < 25 Jahre: Rauschtrinken ($\geq$ 5 Getränke zu einer Gelegenheit) (Mullally et al. 2011)
- > 30 Jahre: häufigerer milder/moderater Alkoholkonsum (Alvik et al. 2006, Göransson et al. 2003, Murphy et al. 2013, Rebhan et al. 2009)

Nationalität

- Frauen ohne Migrationshintergrund (Bergmann et al. 2007, Murphy et al. 2013, Rebhan et al. 2009, Mullally et al. 2011)

Sozioökonomischer Status
(Bergmann et al. 2007, Alvik et al. 2006, Rebhan et al. 2009, Mullally et al. 2011, Strandberg-Larsen et al. 2008)

- höhere Bildung
- höheres Einkommen
- keine Arbeitslosigkeit
- private Krankenversicherung

Soziale Umgebung

- alleinstehende Frauen (Rebhan et al. 2009, Mullally et al. 2011, De Santis et al. 2011)
- Gefängnisinsassinnen (Cave: nur eine Studie) (Knight und Plugge 2005)
- Bezugspersonen, die ebenfalls Alkohol trinken, rauchen oder illegale Drogen einnehmen (Studien aus USA: siehe Landgraf und Heinen 2016a)

Gesundheitsbezogene Risikofaktoren

- Alkoholkonsum und Rauschtrinken vor der Schwangerschaft (Alvik et al. 2006, Göransson et al. 2003, Strandberg-Larsen et al. 2008)
- Konsum von Drogen oder Nikotin vor oder während der Schwangerschaft (Alvik et al. 2006, Murphy et al. 2013, Mullally et al. 2011, Strandberg-Larsen et al. 2008, De Santis et al. 2011)
- Übergewicht (Strandberg-Larsen et al. 2008)

Psychologische Risikofaktoren

- mentale oder neurotische Erkrankungen (Strandberg-Larsen et al. 2008)
- erhöhter Angst-Score (Alvik et al. 2006)
- impulsive Persönlichkeitszüge (Magnusson et al. (2007)

- stattgehabte oder aktuelle Misshandlung oder sexueller Missbrauch (Studien aus USA)

Schwangerschaftsbesonderheiten

- Erstgebärende: Alkoholkonsum vor Erkennen der Schwangerschaft (Mullally et al. 2011, Strandberg-Larsen et al. 2008, De Santis et al. 2011)
- Mehrgebärende: Alkoholkonsum nach Erkennen der Schwangerschaft (Mullally et al. 2011, Strandberg-Larsen et al. 2008, De Santis et al. 2011)
- unbeabsichtigte Schwangerschaft (Mullally et al. 2011, Strandberg-Larsen et al. 2008, De Santis et al. 2011)
- vorheriger Schwangerschaftsabbruch (Mullally et al. 2011, Strandberg-Larsen et al. 2008, De Santis et al. 2011)

Risikofaktoren für mütterlichen Alkoholkonsum in der Schwangerschaft sind abzugrenzen von Risikofaktoren für die Entwicklung einer Fetalen Alkoholspektrumstörung (FASD). Bei den Risikofaktoren für die Entwicklung einer FASD werden Hinweise darauf gegeben, warum die eine Frau, die während der Schwangerschaft Alkohol konsumiert, ein Kind mit einer Fetalen Alkoholspektrumstörung gebiert, während die andere Alkohol konsumierende Schwangere ein gesundes Kind zur Welt bringt.

Die Risikofaktoren für die Geburt eines an FASD erkrankten Kindes, die aus einer systematischen Literaturrecherche resultieren (Landgraf und Heinen 2016a), sind hier veranschaulicht. Für die Erhebung dieser Risikofaktoren wurde vor allem außereuropäische Literatur herangezogen, da zu wenige Daten in der europäischen Literatur vorhanden sind.

Alkoholkonsum

- hoher Alkoholkonsum (Burden et al. 2011, Gmel et al. 2011, Mc Gee et al. 2009, Korkman et al. 2003)

- Chronischer Alkoholkonsum (Druschel und Fox 2007, Niccols 2007)
- Alkoholkonsum in der gesamten Schwangerschaft (Korkman et al. 2003) (Effekte von Alkoholkonsum in ausschließlich einem Schwangerschaftsdrittel werden kontrovers diskutiert)

Mütterliche Risikofaktoren

- Mütterliches Alter > 30 Jahre (Niccols 2007, Cone-Wesson 2005, Jones 2011)
- Nikotin-, Koffein-, multipler Drogen-Abusus (Niccols 2007, Cone-Wesson 2005)
- geringer sozioökonomischer Status (Niccols 2007, Cone-Wesson 2005, Jones 2011)
- Unter- oder Fehlernährung (Niccols 2007, Cone-Wesson 2005, Jones 2011, Warren und Li 2005)
- Alkoholkonsum des Vaters (Niccols 2007, Cone-Wesson 2005)
- Stress der Mutter (Niccols 2007)
- alkoholinduzierte Veränderungen endokrinologischer Funktionen (Zhang et al. 2005)
- vorherige Geburt eines Kindes mit FASD (Jones 2011)
- Zweit- oder Drittgeborenes (Niccols 2007)
- geburtshilfliche Komplikationen und geburtshilfliche Medikation (Niccols 2007)
- genetische Disposition (Druschel und Fox 2007, Jones 2011, Warren und Li 2005)

1.3 Folgen des mütterlichen Alkoholkonsums in der Schwangerschaft

1.3.1 Folgen für die Kinder

Alkoholkonsum in der Schwangerschaft kann zu schwerwiegenden Folgen beim Kind führen. Diese werden mit dem Oberbegriff Fetale Alkoholspektrumstörungen FASD zusammengefasst. Zu den durch die intrauterine Alkoholexposition resultierenden Störungen gehören einerseits sichtbare Merkmale wie Kleinwuchs, Untergewicht, Mikrocephalie und Gesichtsauffälligkeiten, andererseits nicht sichtbare, aber noch schwerwiegendere Beeinträchtigungen wie Defizite in der Entwicklung, der Kognition und im Verhalten.

In Deutschland wurde bisher keine Studie zur Prävalenz von Fetalen Alkoholspektrumstörungen (FASD) durchgeführt. Schätzungen aus aufsuchenden Studien in Italien gehen von einer Prävalenz der FASD von mehr als 2 % aller Kinder aus (May et al. 2006, 2011). In Deutschland und den USA sind die Expertenschätzungen mit ca. 1 % FASD-Prävalenz niedriger.

> **Merke**
> Extrapoliert auf Deutschland wären somit ca. 0,8 Millionen Menschen, davon 130.000 Kinder, von FASD betroffen. Nur ein Bruchteil dieser Menschen erhält tatsächlich die Diagnose FASD.

Die intrauterine Alkoholexposition resultiert in einer irreversiblen toxischen Gehirnschädigung. Während Auffälligkeiten im Wachstum und im Gesicht im Entwicklungsverlauf teilweise weniger prominent werden (Spohr und Steinhausen 2008), persistieren Defizite in der Kognition und im Verhalten meist lebenslang.

Diese Defizite bewirken im Jugend- und Erwachsenenalter häufig, dass die betroffenen Menschen unfähig sind, ein selbstständiges

Leben zu führen. Sie benötigen ein hohes Maß an Unterstützung, um alleine wohnen, kontinuierlich an einer Arbeitsstelle tätig sein und in der Gesellschaft adäquat zurechtkommen zu können (Streissguth et al. 2004). Individuell angepasste Arbeitsumgebungen, Arbeitszeiten und Wohnformen sind meist notwendig, um einem frustranen Lebenslauf vorzubeugen.

Viele betroffene Menschen haben konsekutiv ein erhöhtes Risiko für psychische und psychiatrische Erkrankungen, geraten in Gesetzeskonflikte, soziale Isolation und Verwahrlosung oder sind potenzielle Opfer von Misshandlung (Streissguth et al. 2004).

Um diese sekundären Komplikationen zu vermeiden, sind eine frühe Diagnose, ein stabiles förderndes Umfeld sowie eine gewaltfreie Umwelt essenziell (Streissguth et al. 2004).

1.3.2 Folgen für die Eltern

Alkohol konsumierende Menschen können, vor allem bei Alkoholabhängigkeit, eine deutliche Instabilität in ihren Alltagsfunktionen zeigen. Diese Instabilität kann durch die Geburt eines Kindes mit FASD weiter verstärkt werden und dazu führen, dass der Alltag für die Eltern nicht mehr zu bewältigen ist. Ein Kind mit FASD leidet unter einer alkoholtoxischen Hirnschädigung und ist in der Betreuung deutlich aufwendiger als ein gesundes Kind. Je älter das Kind wird, desto deutlicher kommen die Verhaltensauffälligkeiten und kognitiven Defizite im familiären Alltag zum Tragen. Sehr häufig kommt es daher im Vorschul- oder Schulalter zur Eskalation im Familiensystem. Zu den Versagensgefühlen der Eltern hinsichtlich ihrer gefühlten Unfähigkeit, ihr Kind zu erziehen, kommt, falls die Diagnose FASD gestellt wurde, das Schuldgefühl der Mutter, ihr eigenes Kind geschädigt zu haben, hinzu.

Viele Kinder mit FASD wachsen jedoch in Pflege- und Adoptivfamilien auf. Diese sind teils in ihrem Familiengeflecht stabiler als die biologischen Familien und können Auffälligkeiten des Kindes meist besser oder länger auffangen. Aber auch in diesen Familien dauert es häufig sehr lange, bis die Diagnose FASD beim Kind gestellt wird und die Familie die Odyssee durch multiple Kliniken und Anlaufstellen beenden kann. Auch Pflege- und Adoptiveltern verzweifeln oft an der Komplexität des Erkrankungsbildes FASD, das den Alltag in einem solch drastischen Ausmaß beeinträchtigt. Folge davon sind multiple Beziehungsabbrüche und Betreuungswechsel für das Kind, die es in seinem Langzeit-Outcome deutlich negativ beeinflussen.

2

Diagnostik der Fetalen Alkoholspektrumstörungen (FASD)

2 Diagnostik der Fetalen Alkoholspektrumstörungen (FASD)

> **Definition**
> Die Fetalen Alkoholspektrumstörungen (FASD, fetal alcohol spectrum disorders) werden international in folgende, aus einer intrauterinen Alkoholschädigung resultierende klinisch relevante Störungsbilder eingeteilt:
>
> 1. Fetales Alkoholsyndrom (FAS, fetal alcohol syndrome)
> 2. partielles Fetales Alkoholsyndrom (pFAS, partial fetal alcohol syndrome)
> 3. alkoholbedingte entwicklungsneurologische Störung (ARND, alcohol related neurodevelopmental disorder)

Die Fetalen Alkoholspektrumstörungen können anhand der deutschen S3-Leitlinie diagnostiziert werden (Landgraf et al. 2013, Landgraf und Heinen 2016a, AWMF Homepage 2016).

Alkoholbedingte angeborene Malformationen (ARBD, alcohol related birth defects) sollen laut Canadian guideline (Chudley et al. 2005), CDC-Guideline (2004) und deutscher S3-Leitlinie von 2016 wegen der fehlenden Spezifität der Fehlbildungen und der fehlenden Evidenz für ARBD als eindeutige Krankheits-Entität nicht als Diagnose verwendet werden (Landgraf und Heinen 2016a, 2016b).

Falls Fehlbildungen innerer Organe vorliegen, sind aus unserer klinischen Erfahrung meist auch Wachstumsdefizite, die typische Kombination von Gesichtsauffälligkeiten und Defizite in den Funktionen des Zentralen Nervensystems vorhanden, sodass die Diagnose eines FAS gestellt werden kann.

Bei einer Verdachtsdiagnose FASD muss unbedingt die Gefahr der Stigmatisierung des Kindes und der biologischen Mutter berücksichtigt und gegenüber den Vorteilen einer Diagnosestellung für das Kind abgewogen werden.

2.1 Fetales Alkoholsyndrom (FAS)

> Für die Diagnose des Fetalen Alkoholsyndroms (FAS) werden vier diagnostische Säulen herangezogen. Folgende Kriterien für die einzelnen Apekte wurden in der S3-Leitlinie (Landgraf und Heinen 2016a, 2016b) für die Diagnose des Vollbildes FAS bestimmt:
>
> 1. Wachstumsauffälligkeiten
>   - mind. eine Auffälligkeit
> 2. Auffälligkeiten des Gesichts
>   - drei definierte Auffälligkeiten
> 3. Auffälligkeiten des Zentralen Nervensystems (ZNS)
>   - eine funktionelle oder strukturelle Auffälligkeit
> 4. intrauterine Alkoholexposition
>   - Bestätigung des mütterlichen Alkoholkonsums in der Schwangerschaft *nicht* zwingend erforderlich.

Wachstumsauffälligkeiten

Für die Diagnose FAS soll mindestens eine Wachstumsauffälligkeit, unabhängig zu welchem Zeitpunkt, vorhanden sein. Dazu gehören ein Geburts- oder Körpergewicht, eine Geburts- oder Körperlänge oder ein Body Mass Index von einem Wert $\leq$ 10. Perzentile. Die Körpermaße sollten, auch im weiteren Entwicklungsverlauf, auf eine der gängigen Perzentilenkurven aufgetragen und hinsichtlich Wachstumsretardierung überprüft werden.

Dabei sollte ausgeschlossen werden, dass die Wachstumsstörung allein durch andere Ursachen wie familiärer Kleinwuchs oder konstitutionelle Entwicklungsverzögerung, pränatale Mangelzustände, Skelettdysplasien, hormonelle Störungen, genetische Syndrome, chronische Erkrankungen, Malabsorption, Mangelernährung oder Vernachlässigung erklärt werden kann.

Gesichtsauffälligkeiten

Das Auftreten einer Kombination von drei definierten Auffälligkeiten des Gesichtes bei Kindern ist für die Diagnose FAS sehr sensitiv und spezifisch. Die drei Auffälligkeiten sind:

* kurze Lidspaltenlänge
* verstrichenes Philtrum (Falten zwischen Oberlippe und Nase)
* schmale Oberlippe

Die Lidspalten-Länge kann mit einem Lineal direkt am Patienten oder mithilfe eines auf die Stirn geklebten Referenzpunktes auf einer Fotographie (evtl. mithilfe eines Computer-Auswertungsprogrammes) gemessen werden (▶ Abb. 2.1). Der Messwert wird in Perzentilenkurven eingetragen. Dabei können die Perzentilenkurven von Strömland et al. (1999) für Kinder unter 6 Jahren, die Perzentilenkurven von Clarren et al. (2010) für Kinder ab 6 Jahren herangezogen werden. Eine Lidspaltenlänge unter der 3. Perzentile ist als pathologisch zu werten.

Für die Beurteilung der Oberlippe und des Philtrums entwickelte Astley (2014) einen fotographischen Lip-Philtrum-Guide. In diesem Guide gelten Messungen mit vier und fünf von fünf Punkten auf der Skala als pathologisch (vgl. Beispiele ▶ Abb. 2.2). Der Lip-Philtrum-Guide von Astley ist in je einer Fassung für die kaukasische und die afrikanische Ethnizität und mit Fotographien in frontaler und ¾-Ansicht

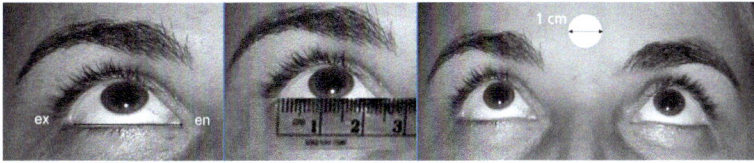

Abb. 2.1: Messung der Lidspaltenlänge vom inneren (en) zum äußeren Augenwinkel (ex) (© 2013, Dr. med. Dipl.-Psych. Mirjam N. Landgraf, Ludwig-Maximilians-Universität München)

2 Diagnostik der Fetalen Alkoholspektrumstörungen (FASD)

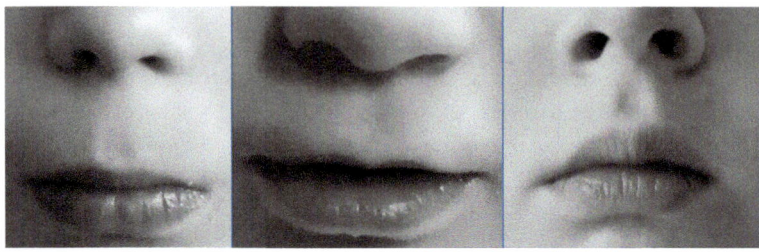

Abb. 2.2: Gemäß Lip-Philtrum Guide von Astley: Philtrum (verstrichen: links und Mitte Grad 4, rechts normal: Grad 2) und Oberlippe (schmal: links Grad 4, Mitte Grad 5, normal: rechts Grad 2) (© 2016, Dr. med. Dipl.-Psych. Mirjam N. Landgraf, Ludwig-Maximilians-Universität München)

zur verbesserten Beurteilung unter folgendem Link herunterzuladen (http://depts.washington.edu/fasdpn/htmls/lip-philtrum-guides.htm).

Die Fotos müssen immer bei einem entspannten, nicht lächelnden Gesichtsausdruck des Kindes aufgenommen werden, da es ansonsten zu falsch-positiven Beurteilungen, im Sinne eines verstrichenen Philtrums oder einer zu schmalen Oberlippe durch Verziehen des Mittelgesichtes, kommen kann.

Die FASD-typischen Auffälligkeiten des Gesichtes werden bei vielen Betroffenen mit dem Älterwerden weniger prominent. Daher sollten bei der Diagnostik einer FAS im späteren Alter auch Fotos vom Kleinkind- und Kindesalter des Jugendlichen beurteilt werden. Falls in jüngerem Alter die drei definierten Gesichtsauffälligkeiten vorhanden waren, ist die zweite Diagnostik-Säule des FAS erfüllt, auch wenn diese Auffälligkeiten bei der aktuellen Untersuchung des älteren Betroffenen nicht mehr feststellbar sind.

ZNS-Auffälligkeiten

Für die Diagnose FAS sollte mindestens eine funktionelle oder strukturelle Auffälligkeit im ZNS-Bereich beim Kind vorliegen.

Die funktionellen Auffälligkeiten des ZNS beinhalten eine Intelligenzminderung (mindestens 2 Standardabweichungen (SD) unterhalb der Norm, entspricht einem Intelligenzquotient (IQ) < 70) oder bei Kindern unter 2 Jahren, deren IQ noch nicht testpsychologisch erfasst werden kann, eine signifikante kombinierte Entwicklungsverzögerung. Falls der IQ unauffällig ist, können aber auch Teilbereiche der ZNS-Funktionen (mindestens 2 SD unterhalb der Norm in mindestens 3 der folgenden Bereiche oder in mindestens 2 der folgenden Bereiche in Kombination mit Epilepsie) betroffen sein.

Folgende Teilbereiche sind bei Kindern mit FASD typischerweise beeinträchtigt:

- Sprache
- Feinmotorik
- räumlich-visuelle Wahrnehmung oder räumlich-konstruktive Fähigkeiten
- Lern- oder Merkfähigkeit
- exekutive Funktionen
- Rechenfertigkeiten
- Aufmerksamkeit
- soziale Fertigkeiten oder Verhalten

Die ZNS-Funktionen sollten, wenn möglich, anhand von standardisierten neuropsychologischen Testverfahren beurteilt werden. Vorschläge möglicher Testverfahren, spezifisch jeweils für die einzelnen ZNS-Teilbereiche, sind im ▶ Anhang zusammengefasst und in der Langfassung der Leitlinie hinsichtlich ihrer Qualitäten ausführlich beschrieben (AWMF Homepage 2016).

Zusammenfassung
Der Bereich der funktionellen ZNS-Auffälligkeiten bei Kindern und Jugendlichen mit FASD ist am schwersten zu erfassen, jedoch für den Alltag der betroffenen Patienten und deren Familien am bedeutendsten. Eine komplexe ärztlich-psychologische Verhaltensbeurteilung und neuropsychologische Testung ist hier grundsätzlich erforderlich. Die Beurteilungsergebnisse der ZNS-Funk-

> tionen sind richtungsweisend für eine individuell angepasste Förderung des Kindes und Unterstützung der Bezugspersonen.

Falls das Kind eine Mikrocephalie (Kopfumfang: $\leq$ 10. Perzentile) aufweist, kann es sich um eine alkoholbedingte strukturelle ZNS-Auffälligkeit handeln, die als diagnostisches Kriterium den ZNS-Bereich erfüllt.

Es sollte ausgeschlossen werden, dass die Mikrocephalie alleine durch andere Ursachen wie eine familiäre Mikrocephalie, ein genetisches Syndrom, eine Stoffwechselerkrankung, eine pränatale Mangelversorgung, eine andere toxische Schädigung, eine Infektion oder maternale oder chronische Erkrankungen des Kindes bedingt ist.

Intrauterine Alkoholexposition

Der Alkoholkonsum der Eltern während der Schwangerschaft sollte, zusammen mit anderen in Kapitel 1.2. beschriebenen Risikofaktoren, vom Fachpersonal immer erfragt werden. Häufig werden diesbezügliche Fragen leider nicht gestellt, weil die Furcht vor einem Beziehungsabbruch oder einem Betreuer- /Arzt-Wechsel besteht. Diese Angst lässt sich nicht durch wissenschaftliche Belege begründen und Fragen, die nicht stigmatisierend formuliert sind, werden aus unserer klinischen Erfahrung gut toleriert. Kaum eine Mutter wird ihren Alkoholkonsum spontan berichten, wenn sie nicht explizit befragt wird. Selbstverständlich muss trotzdem bei einigen Müttern eine Verzerrung (Bias) ihrer Auskünfte hinsichtlich sozialer Erwünschtheit erwogen werden.

Da viele Kinder mit FASD in Pflege- oder Adoptivfamilien leben, ist die Anamnese hinsichtlich des Alkoholkonsums der biologischen Mutter während der Schwangerschaft oft nicht vorhanden.

Für das Vollbild Fetales Alkoholsyndrom gilt, dass, wenn das Kind Auffälligkeiten des Wachstums, des Gesichtes und des ZNS zeigt, die Diagnose eines FAS auch *ohne Bestätigung eines mütterlichen Alkoholkonsums während der Schwangerschaft* gestellt werden soll.

Im Rahmen der FASD-Diagnose ist eine weiterführende Diagnostik mittels Laboruntersuchungen oder bildgebenden Verfahren nur bei klinischem Verdacht auf eine andere Erkrankung erforderlich.

Fallvignette 1: Jakob
Jakob ist das erste Kind einer 38-jährigen Mutter. Die Mutter litt während der Schwangerschaft an einer Psychose, die mit Haldol therapiert wurde. Die Schwangerschaft war ansonsten unkompliziert. Jakob wurde in der 38. Schwangerschaftswoche spontan geboren. Er hatte eine kurze respiratorische Anpassungsstörung, wurde zwei Minuten mit der Maske beatmet und erholte sich dann vollständig. Das Geburtsgewicht betrug 2400 g (3. Perzentile), die Geburtslänge 46 cm (3.–10. Perzentile) und der Kopfumfang 33 cm (3.–10. Perzentile). Wegen einer Hyperbilirubinämie (Gelbsucht) wurde eine Fototherapie durchgeführt. Die Mutter sah sich aufgrund ihrer psychiatrischen Erkrankung nicht in der Lage, das Kind zu versorgen, sodass Jakob vom Krankenhaus in eine Pflegefamilie entlassen wurde.

Mit 9 Monaten wurde die erste entwicklungsneurologische Untersuchung in einem Sozialpädiatrischen Zentrum (SPZ) durchgeführt, da der Kinderarzt Jakobs Entwicklung auffällig fand. Bei der Untersuchung ergab sich eine deutliche Instabilität, muskuläre Hypotonie und Bindegewebsschwäche. Jakob wies eine große motorische Unruhe und Probleme in der Eigenregulation auf. Im explorativen Spielverhalten war er wenig differenziert und zeigte Defizite in der nonverbalen Kommunikation und im interaktiven Lautieren. Er nahm nicht wirklich zu.

Mit 13 Monaten ergab sich bei der entwicklungsneurologischen Kontrolle eine nicht altersgerechte Sprache, eine leichte motorische Entwicklungsverzögerung, eine deutlich reduzierte Aufmerksamkeitsspanne und ein insuffizientes Wachstum (Dystrophie) bei Fütterproblemen.

Auch mit 3 Jahren hatte Jakob Schwierigkeiten beim Abbeißen, verschluckte sich häufig und erbrach daraufhin. Er wurde daher weiterhin mit pürierter Kost gefüttert. Es fielen feinmotorische

2 Diagnostik der Fetalen Alkoholspektrumstörungen (FASD)

Schwierigkeiten, eine reduzierte Ausdauer, ein noch nicht altersgerechtes Spielverhalten, eine expressive Sprachentwicklungs- und Artikulationsstörung sowie Speicheln und Probleme mit dem Mundschluss auf.

Mit 6 Jahren ergab ein standardisierter IQ-Test einen durchschnittlichen Gesamt-IQ von 98 mit Stärken im Verbalteil (IQ-Wert 113) und deutlichen Schwächen in der Verarbeitungsgeschwindigkeit (IQ-Wert 76). In einem Konzentrationstest hatte Jakob ein deutlich unterdurchschnittliches Ergebnis. Er zeigte außerdem Schwierigkeiten in der visuellen Wahrnehmung, in der Visuomotorik und im auditiven Kurzzeitgedächtnis für abstraktes Material.

Mit 7 ½ Jahren wurde Jakob schließlich in der TESS-Abteilung (für Risikokinder mit ToxinExposition in der SchwangerSchaft) des iSPZ Hauner des Dr. von Haunerschen Kinderspitals der Universität München LMU (www.ispz-hauner.de) vorgestellt. Die *somatische Untersuchung* ergab keine Auffälligkeiten bis auf eine Körpergröße unter der 3. Perzentile, eine Körperlänge zwischen der 3. und 10. Perzentile und ein Kopfumfang deutlich unter der 3. Perzentile.

An *phänotypischen Auffälligkeiten* wies Jakob eine schmale Oberlippe (Grad 4–5 laut Lip-Philtrum-Guide von Astley), ein langes, verstrichenes Philtrum (Grad 4 laut Lip-Philtrum-Guide von Astley) und kurze Lidspalten 2,2 cm (< 2 SD laut Perzentilenkurven von Clarren), sowie die unspezifische Merkmale Hypertelorismus (weiter Augenabstand), Epikanthus bds. (Falten am Augeninnenwinkel), tiefe und breite Nasenwurzel, kurze Nase mit antevertierten Nasenlöchern, Mikrognathie (kleines Kinn) und tiefstehende nach hinten rotierte Ohren mit normal ausgeformter Helix (Ohrmuschel) auf.

Auffälligkeiten in der *neuropädiatrischen Untersuchung* waren: Muskelhypotonie, deutliche Unsicherheiten beim Seiltänzergang und Einbeinstand/-hüpfen. Das Rennen war breitbasig mit Ausgleichsbewegungen von Rumpf und Armen, das Ballwerfen war ungezielt und das Fangen inkonstant. Bei komplexeren sprachlichen Aufforderungen hatte er Verständnis- oder Umsetzungsschwierigkeiten. Jakob war freundlich und kooperativ, dabei aber für sein Alter sehr ängstlich und suchte ständig nach Rückversicherung bei der Pflegemutter. Er konnte sich nur kurz alleine beschäftigen und war sehr schnell abgelenkt. In der Spielsituation zeigte er kaum selbständiges Spiel. Die Pflegeeltern gaben Probleme im Bewältigen von altersadäquaten Alltagsaufgaben wie Anziehen, Zähneputzen und Waschen an. Jakob hatte große Schwierigkeiten, Kontakt zu Gleichaltrigen aufzubauen, ruhig zu sitzen und sich an Regeln zu halten. Er wurde daher von der Einschulung zurückgestellt. Zuhause schwankte sein Verhalten zwischen ständiger Suche nach Nähe und grundlosen Wutausbrüchen mit körperlicher Bedrohung der Pflegeeltern und -geschwister und Zerstören von Spielzeug und Möbeln.

An Förderung hatte Jakob seit dem 3. Lebensjahr Physiotherapie, seit dem 4. Lebensjahr zusätzlich Logopädie und mit 7 ½ Jahren je einmal pro Woche Heilpädagogik, Ergotherapie, therapeutisches Reiten und Musiktherapie.

Zusammenfassend sind bei Jakob eine Wachstumsstörung, die drei, bei Kindern mit FAS spezifischen, fazialen Auffälligkeiten und Defizite in mehreren ZNS-Funktionen sowie eine Mikrozephalie vorhanden. Der Alkoholkonsum der Mutter während der Schwangerschaft ist zum Zeitpunkt der Vorstellung des Kindes nicht bestätigt. Trotzdem kann die Diagnose eines Fetalen Alkoholsyndroms bei Jakob gestellt werden.

Die zu diesem Entwicklungszeitpunkt von Jakob wichtigsten Fragen sind, welche Schulform für Jakob bei einem normalen IQ, jedoch mit deutlichen kognitiven Defiziten in Teilbereichen und der Verhalten- und Aufmerksamkeitsproblematik, adäquat ist. Außerdem stellt sich die Herausforderung, wie die multiplen Therapien reduziert und alltagsnah umgestaltet werden können, damit Jakob lernt, seine Emotionen und seine Aufmerksamkeit besser zu regulieren und auf soziale Interaktionen altersadäquater einzugehen. Eine zeitweise, auch im weiteren Entwicklungsverlauf intermittierend oder kontinuierlich stattfindende Entlastung der völlig auf Jakobs Probleme fixierten Pflegefamilie ist dringend notwendig.

2 Diagnostik der Fetalen Alkoholspektrumstörungen (FASD)

> Drei Jahre nach unserem Erstkontakt mit der biologischen Mutter erzählt diese von ihrer in der Schwangerschaft schlecht behandelten psychiatrischen Erkrankung, die sie durch Konsum von Alkohol versucht hat, selbst zu therapieren.

2.2 Partielles Fetales Alkoholsyndrom (pFAS)

Für die Diagnose des Partiellen Fetalen Alkoholsyndroms (pFAS) werden drei der vier diagnostischen Säulen herangezogen. Folgende Kriterien der Säulen wurden in der S3-Leitlinie (Landgraf und Heinen 2016a, 2016b) für die Diagnose des pFAS bestimmt:

1. Auffälligkeiten des Gesichts
   * zwei der drei definierten Auffälligkeiten
2. Auffälligkeiten des ZNS
   * Beeinträchtigung in mindestens drei definierten Bereichen
3. intrauterine Alkoholexposition
   * wahrscheinlicher oder bestätigter mütterlicher Alkoholkonsum in der Schwangerschaft

Die diagnostische Säule der Wachstumsauffälligkeiten entfällt.

Gesichtsauffälligkeiten

Die drei, in ihrer Kombination für FAS sehr spezifischen facialen Merkmale (verkürzte Lidspaltenlänge, verstrichenes Philtrum und schmale Oberlippe) wurden unter Kapitel 2.1 genauer beschrieben. Zwei der drei Merkmale müssen beim Betroffenen vorliegen, um die Diagnose eines pFAS zu stellen.

ZNS-Auffälligkeiten

Als relevante betroffene ZNS-Bereiche bei Kindern/Jugendlichen mit pFAS, von denen mindestens drei vorhanden sein müssen, beschreibt die deutsche S3-Leitlinie folgende:

* globale Intelligenzminderung (mindestens 2 SD unter der Norm) oder signifikante kombinierte Entwicklungsverzögerung bei Kindern ≤ 2 Jahre
* Epilepsie
* Mikrocephalie ≤ 10. Perzentile

Leistung mindestens 2 SD unter der Norm:

* Sprache
* Fein-/Graphomotorik oder grobmotorische Koordination
* räumlich-visuelle Wahrnehmung oder räumlich-konstruktive Fähigkeiten
* Lern- oder Merkfähigkeit
* exekutive Funktionen
* Rechenfertigkeiten
* Aufmerksamkeit
* soziale Fertigkeiten oder Verhalten

Alle mit Punkt aufgezählten ZNS-Auffälligkeiten bzw. -Domänen sind gleichwertig für die Diagnosestellung.

Im Gegensatz zur diagnostischen Empfehlung beim FAS resultiert daraus, dass das alleinige Auftreten einer Intelligenzminderung bzw. kombinierten Entwicklungsverzögerung oder einer Mikrocephalie nicht ausreicht, um die Diagnose pFAS zu stellen.

Da die internationale Literatur bisher keine einheitlichen, verlässlichen Daten hinsichtlich FASD-spezifischer struktureller ZNS-Läsionen (z. B. erkennbar im C-MRT) bietet, kann aus Sicht der deutschen Leitliniengruppe nur die Mikrocephalie als diagnostisches Kriterium herangezogen werden. Das gemeinsame Auftreten von Beeinträchtigungen in mehreren funktionellen ZNS-Domänen ist dagegen zur korrekten Diagnosefindung notwendig und bedarf einer ausführlichen psychologischen Diagnostik.

Intrauterine Alkoholexposition

Im Gegensatz zur Diagnose des FAS, muss bei der Diagnose des pFAS der Alkoholkonsum der Mutter in der Schwangerschaft wahrscheinlich oder bestätigt sein, da auch das gleichzeitige Auftreten von Auffälligkeiten in den anderen zwei diagnostischen Säulen nicht spezifisch genug für die Diagnose eines pFAS ist.

Da in Deutschland viele Kinder und Jugendliche mit Verdacht auf FASD in Pflege- und Adoptivfamilien leben, kann die Anamnese über den Alkoholkonsum der biologischen Eltern schwierig bis unmöglich sein.

Bei den Auskünften der biologischen Mutter ist die potenzielle Verzerrung in Richtung sozialer Erwünschtheit zu berücksichtigen.

2.3 Alkoholbedingte entwicklungsneurologische Störung (ARND)

Für die Diagnose der Alkoholbedingten entwicklungsneurologischen Störung (ARND) werden zwei der vier diagnostischen Säulen herangezogen. Folgende Kriterien wurden in der S3-Leitlinie (Landgraf und Heinen 2016a,b) für die Diagnose der ARND bestimmt:

1. Auffälligkeiten des ZNS
   • Beeinträchtigung in mindestens drei Bereichen
2. intrauterine Alkoholexposition
   • bestätigter mütterlicher Alkoholkonsum in der Schwangerschaft

Die diagnostischen Säulen der Wachstumsauffälligkeiten und der fazialen Auffälligkeiten entfallen.

ZNS-Auffälligkeiten

Die von der deutschen Leitliniengruppe bestimmten ZNS-Bereiche, die typischerweise bei Kindern und Jugendlichen mit FASD betroffen sind, stimmen mit den oben beschriebenen ZNS-Bereichen beim pFAS überein (▶ Kap. 2.2).

Intrauterine Alkoholexposition

Der Alkoholkonsum der Mutter in der Schwangerschaft muss, im Gegensatz zum FAS und pFAS, bestätigt sein, da das alleinige Auftreten von bestimmten ZNS-Defiziten nicht spezifisch für eine alkoholtoxische Gehirnschädigung ist.

Falls der Alkoholkonsum der biologischen Mutter während der Schwangerschaft bei Verdacht auf ein pFAS oder eine ARND nicht bestätigt werden kann, das Kind jedoch sehr eindeutige, für eine Alkoholschädigung typische Verhaltensauffälligkeiten und ein typisches neurokognitives Profil aufweist, ist das Stellen einer Verdachtsdiagnose oder Arbeitsdiagnose FASD zu erwägen.

2.4 Differentialdiagnosen

Auch wenn die geschätzte Prävalenz von FASD deutlich höher als die der meisten Differentialdiagnosen ist, sollten Differentialdiagnosen, vor allem bei nicht eindeutigem Störungsbild, immer berücksichtigt werden. Einer der Gründe dafür ist, dass FASD anderen Störungsbildern sehr ähneln kann und die Diagnostik von FASD deshalb teilweise schwierig ist. Ein weiterer Grund sind die Fehldiagnosen von FASD, die aufgrund der möglichen sozialen Stigmatisierung unbedingt vermieden werden sollten. Aktuell besteht laut Expertenmeinung allerdings eher eine deutliche Unter- und Fehl-Diagnose von Kindern mit FASD in Deutschland.

Mögliche Differentialdiagnosen sind, aufgeteilt nach den diagnostischen Säulen, im Folgenden aufgeführt. Dabei besteht nicht der Anspruch auf Vollständigkeit und es wurde auch keine Gewichtung hinsichtlich Wahrscheinlichkeit oder Prävalenz vorgenommen.

1. Säule: Wachstumsstörungen

1.1. Pränatale Wachstumsstörungen

1.1.1. Fetale Pathologie (ungestörte intrauterine Versorgung)
endogen:
– Fehlbildungen
– genetische Syndrome (z. B. Turner-Syndrom, Silver-Russell-Syndrom)
– Stoffwechselerkrankungen
exogen:
– intrauterine Infektionen (z. B. Röteln, Cytomegalie, Toxoplasmose, Herpes simplex, HIV, EBV, Parvovirus B19)
– Strahlenexposition

1.1.2. Gestörte intrauterine Versorgung
präplazentar:
– maternale Erkrankungen (Präeklampsie, Hypotonie, Anämie, zyanotische Vitien, Kollagenosen, chronische Nierenerkrankungen)
– toxische Einflüsse, Nikotin, Drogen
– erhöhte maternale psychosoziale Belastung (Stress)
plazentar:
– Plazenta praevia
– gestörte Plazentation (Uterusfehlbildung, Myome)
– auf die Plazenta beschränkte Chromosomenstörung

1.2. Postnatale Wachstumsstörungen
– familiärer Kleinwuchs
– konstitutionelle Entwicklungsverzögerung
– Skelettdysplasien (z. B. Hypochondroplasie, Achondroplasie, Osteogenesis imperfecta)
– metabolische Störungen

- renale Erkrankungen
- hormonelle Störungen
- genetische Syndrome
- chronische Erkrankungen
- Malabsorption oder Mangelernährung (z. B. Mangel an Vitamin D, Calcium, Eiweiß, generelle Unterernährung)
- psychosozialer Kleinwuchs

2. Säule: Faciale Auffälligkeiten

2.1. Toxische Effekte in der Schwangerschaft
- Antikonvulsiva, v. a. Valproat
- Toluol
- maternale Phenylketonurie

2.2. Genetisch bedingte Erkrankungen
- Di-George-Syndrom (VCFS) (Mikrodeletion 22q11)
- Noonan-Syndrom
- Williams-Beuren-Syndrom (Mikrodeletion 7q11.23)
- Cornelia de Lange-Syndrom
- Smith-Lemli-Opitz-Syndrom
- Aarskog-Syndrom
- Dubowitz-Syndrom
- Blepharophimosis-Syndrom
- Hallermann-Streiff-Syndrom
- 3-M-Syndrom
- SHORT-Syndrom
- Feingold-Syndrom (Trisomie 9)
- Kabuki-Syndrom
- Peters-Plus-Syndrom
- Rubinstein-Taybi-Syndrom
- Geleophysic dysplasia

3. Säule: ZNS-Auffälligkeiten

3.1. Funktionelle ZNS-Auffälligkeiten
- kombinierte umschriebene Entwicklungsstörung

- Intelligenzminderung unterschiedlichen Grades
- umschriebene Entwicklungsstörung des Sprechens und der Sprache
- umschriebene Entwicklungsstörung motorischer Funktionen
- umschriebene Entwicklungsstörung schulischer Fertigkeiten
- einfache Aufmerksamkeits- und Aktivitätsstörung
- hyperkinetische Störung des Sozialverhaltens
- Störung des Sozialverhaltens mit oppositionellem aufsässigem Verhalten
- kombinierte Störung des Sozialverhaltens und der Emotionen
- reaktive Bindungsstörung des Kindesalters/Posttraumatische Belastungsstörung
- Stereotypien
- Aggressivität
- Delinquenz
- Suchterkrankungen
- sexuelle Verhaltensabweichung
- Schlafstörungen
- Angststörung/Panikstörung
- affektive Störung
- depressive Störung
- Epilepsien anderer Genese

3.2. Strukturelle ZNS-Auffälligkeiten: Mikrocephalie
- familiäre Mikrocephalie
- genetische Syndrome (s. o. 2.2)
- pränatale Mangelversorgung, toxische Schädigung, Infektion
- hypoxisch-ischämische Hirnschädigung
- maternale Erkrankungen
- postnatale Mangelernährung
- Stoffwechselstörungen
- chronische Erkrankungen

3

Entwicklungsrisiken und -störungen von Kindern mit FASD

3.1 Körperliche Entwicklungsrisiken

Intrauterine Alkoholexposition kann zu Malformationen innerer Organe führen. Mögliche Fehlbildungen sind in der Tabelle zusammengefasst (▶ Tab. 3.1).

Tab. 3.1: Mögliche Fehlbildungen als Folge intrauteriner Alkoholexposition (Hoyme et al. 2005)

Bereich	Mögliche Malformationen
Herz	Vorhofseptumdefekt, Transposition großer Gefäße, Ventrikelseptumdefekt, »conotruncal« Herzfehler
Skelett	Radio-ulnare Synostose (zusammengewachsene Unterarmknochen), Wirbelkörperdefekte, Kontrakturen (Versteifung) großer Gelenke, Skoliose (Wirbelsäulenverkrümmung)
Niere	aplastische/hypoplastische/dysplastische Nieren, Hufeisennieren/Ureterduplikationen (Harnleiter-Verdoppelung)
Augen	Strabismus (Schielen), Ptosis (Herabhängen des Oberlids), Anomalien von Netzhautgefäßen, Optikushypoplasie
Ohren	Schalleitungs-, Innenohrschwerhörigkeit
geringe Anomalien	hypoplastische Nägel, kurze kleine Finger, Klinodaktylie des kleinen Fingers, Pectus carinatum/excavatum (Kiel-/Trichterbrust), Kamptodaktylie, »hockey stick crease«, Refraktionsfehler, »railroad track ears«

In einem Review von Popova et al. (2016) wurden 428 Komorbiditäten von Menschen mit FASD, darunter auch multiple Fehlbildungen, beschrieben. Dabei ist aus unserer Sicht aber zu beachten, dass einige der genannten »comorbid conditions« Symptome des Krankheitsbildes FASD, andere Komplikationen von FASD und schließlich einige Komorbiditäten darstellen.

Laut S3-Leitlinie soll die Diagnose ARBD (alkoholbedingte angeborene Malformationen) in Deutschland nicht mehr verwendet werden, da keine ausreichende Evidenz für die alkoholbedingte Spezifität der Fehlbildungen existiert. Das bedeutet, dass renale, kardiale, skelettale und andere Malformationen, die aus einer intrauterinen Alkoholexposition resultieren können, auch durch andere pränatale Einflüsse wie z. B. andere Noxen, Infektionen oder genetische Störungen hervorgerufen werden können.

Mütterlicher Alkoholkonsum in der Schwangerschaft kann zu Wachstumsauffälligkeiten des Kindes führen. Diese stellen eine diagnostische Säule des Vollbildes FAS, nicht der anderen Fetalen Alkoholspektrumstörungen, dar. Typischerweise sind die Kinder mit FAS bereits bei Geburt klein und leicht. Sie bleiben auch meist während des Kleinkind- und Grundschulalters dystroph. Ein Aufholen des Wachstums wird häufig in der Pubertät, vor allem bei den Mädchen, beobachtet (Spohr und Steinhausen 2008). Teilweise kommt es sogar zu Adipositas bei den pubertären oder postpubertären Frauen. Einheitliche belastbare Studien über die Entwicklung von Körpergewicht und -länge im weiteren Lebensverlauf sind aktuell nicht vorhanden.

Alkoholexposition im Mutterleib führt zu Mittelliniendefekten, die sich in einer Mittelgesichtshypoplasie mit verstrichenem Philtrum, schmalem Oberlippenrot und kurzen Lidspalten ausdrücken. Diese facialen Auffälligkeiten sind so sensitiv und spezifisch für eine intrauterine Alkoholschädigung, dass sie als diagnostische Kriterien für das FAS und pFAS herangezogen werden. Ob diese Auffälligkeiten des Gesichtes sich als Screening für FASD eignen, wird kontrovers diskutiert.

Die phänotypischen Auffälligkeiten von FAS können sich im Entwicklungsverlauf weniger prominent darstellen bzw. »verwachsen«. Im Erwachsenenalter persistiert zu über 90 % die dünne Oberlippe, aber nur zu ca. 50 % das flache Mittelgesicht/die Mikrocephalie sowie zu 38 % der Kleinwuchs (Spohr und Steinhausen 2008). Wie im Kapitel 2 beschrieben, ist es daher dringend notwendig bei Jugendlichen oder Erwachsenen mit Verdacht auf FASD die Körpermaße anhand von früheren Dokumentationen, z. B. im Kinderuntersuchungsheft (Gelbes U-Heft), und die Gesichtsmerkmale anhand von früheren Fotos zu beurteilen.

3.2 Kognitive Entwicklungsrisiken

Eine Alkoholschädigung im Mutterleib führt zu schwerwiegenden und lebenslang persistierenden Defiziten im kognitiven Bereich. Da es sich bei den FASD um Spektrumstörungen handelt, können verschiedene neurokognitive Domänen – auch unterschiedlich stark – betroffen sein.

Kinder mit FASD können eine, durch einen standardisierten IQ-Test eruierbare, globale Intelligenzminderung (IQ < 70) haben. Häufig befinden sich die Kinder mit FASD jedoch bei standardisierten Tests eher im durchschnittlichen oder unterdurchschnittlichen IQ-Bereich. Außerdem haben aus unserer Erfahrung viele Betroffene ein sehr heterogenes Profil, häufig mit Stärken in den sprachgebundenen Intelligenzleistungen und deutlichen Schwächen im logischen Denken, in der Arbeitsgeschwindigkeit, der Konzentration und in zahlengebundenen Aufgaben.

Aufgrund der häufig gut ausgebildeten sprachlichen Fähigkeiten werden Kinder/Jugendliche mit FASD teils in der Schule und im nicht-häuslichen Umfeld hinsichtlich ihrer Planungs- und selbständigen Handlungsfähigkeit überschätzt. Dies führt zu ständigen Missverständnissen und Konflikten und kann bei langer Dauer wegen der konstanten Überforderung und Frustration des Kindes zu schulischer Leistungsverweigerung, oppositionell-aggressiven Verhaltensweisen oder zum sozialen Rückzug des Kindes führen.

Viele Kinder mit FASD haben eine auditive und/oder visuelle Gedächtnisstörung. Dadurch müssen Lerninhalte sehr häufig wiederholt werden – unabhängig davon, ob es sich um Alltags- oder Schulaufgaben handelt. Die Geduld und Resilienz der Bezugspersonen wird sehr hart beansprucht.

Bhatara et al. (2006) legen in ihrer Studie dar, dass die häufigste Begleitstörung bei Kindern mit FASD eine Aufmerksamkeitsdefizit-Hyperaktivitäts-Störung (ADHS) ist. Nash et al. (2011) verglichen in ihrer Studie Kinder mit ADHS und Kinder mit FASD anhand des Fragebogenverfahrens Child Behavior Checklist (CBCL). Sie konnten zeigen, dass Kinder mit FASD signifikant höhere Werte in den Items »verhält sich zu jung«, »gemein/grausam gegenüber anderen«, »scheint sich nach Fehlverhalten nicht schuldig zu fühlen«, »stiehlt zuhause« und »stiehlt außerhalb von Zuhause« im Vergleich zu Kindern mit alleiniger AHDS haben. Einige Kinder mit FASD haben auch eine reine Aufmerksamkeitsstörung ohne hyperaktive Komponente (ADS), die für Bezugspersonen und Lehrer schwerer zu beurteilen ist und häufiger zu Ermahnungen wegen mangelnder Mitarbeit, Desinteresse, Träumen etc. beim Kind führt. Die Aufmerksamkeitsstörung mit und ohne Hyperaktivität kann nicht nur zu schulischen Misserfolgen führen, sondern wird auch von anderen Kindern als störend im Zusammensein und Spielen erlebt. Dies kann dazu führen, dass die Kinder mit FASD und ADHS häufig von den anderen Kindern gemieden oder gehänselt werden und ohne Hilfe von Erwachsenen ins soziale Abseits geraten.

Die meisten Kinder mit FASD haben Defizite in den Exekutivfunktionen (Fuglestad et al. 2014, Rasmussen 2005). Exekutivfunktionen sind höhere kognitive Prozesse wie Erkennen von Ursache-Wirkungs-Zusammenhängen, Problemlösestrategien, Übertragen von Erlerntem von einer Situation auf die andere etc. Häufig werden die Kinder in den üblichen standardisierten Intelligenztests als durchschnittlich getestet, da die Exekutivfunktionen nur ansatzweise in der Aufgabenerfüllung benötigt werden. Spezielle neuropsychologische Verfahren sind daher zur eingehenderen Untersuchung der Exekutivfunktionen dringend erforderlich. Beeinträchtigungen in den Exekutivfunktionen können im Alltag zu deutlichen Schwierigkeiten führen. So kann z. B. die eigene Körperhygiene oder das Einkaufen aufgrund der dazu erforderlichen Exekutivfunktionen wie serielle Handlungsplanung und -ausführung zu einer großen Herausforderung für einen Menschen mit FASD werden. Der Schulalltag erfordert hinsichtlich der Lernleistungen ebenfalls gute Exekutivfunktionen. Diesbezügliche Einschränkungen, z. B. im Übertragen von Lösungsstrategien, resultieren in täglichen schulischen Misserfolgen. Auch im sozialen Miteinander werden Exekutivfunktionen, wie Antizipieren von Gefühlen, Gedanken und Handlungen des Gegenübers und Anpassen der eigenen Aussagen und Handlungen, benötigt. Menschen mit FASD werden daher auch wegen der Exekutivfunktionsstörungen sehr oft sozial isoliert.

Störungen der räumlich-visuellen Fähigkeiten bei Kindern mit FASD (Paolozza et al. 2014) können zu deutlichen Schwierigkeiten führen, sich im Alltag zurecht zu finden. Es erfordert eine ständige Begleitung oder Unterstützung der Betroffenen, vor allem wenn sie kombiniert mit dem häufig bei Kindern mit FASD anzutreffenden mangelnden Gefahrenbewusstsein auftreten.

Visuell-räumliche Einschätzungen sind häufig gemeinsam mit Rechenschwierigkeiten bei Kindern mit FASD anzutreffen (Crocker et al. 2015). Da teilweise selbst die Grundrechenarten nicht sicher erworben werden können, ist ein selbstständiges Einkaufen, Wohnen und Arbeiten oft nicht möglich.

Bei einigen Kindern mit FASD kommen motorische Defizite wie fein- und grobmotorische Koordinationsstörungen hinzu (Doney et al. 2014, Lucas et al. 2014), die den Schulerfolg aber auch die Akzeptanz von Gleichaltrigen weiter reduzieren können.

Kinder mit FASD zeigen regelmäßig Verhaltensauffälligkeiten, Defizite in den adaptiven Fähigkeiten und in der emotionalen Regulation (Malone und Koren 2012). Ein Teil der Kinder ist sozial eher gehemmt und hat Schwierigkeiten, Kontakte mit anderen Kindern oder Erwachsenen einzugehen oder aufrecht zu erhalten. Der andere Teil der betroffenen Kinder ist extrem impulsiv und reagiert auf Grenzsetzungen oder Frustrationserlebnisse mit Wutausbrüchen, Beschädigen von Gegenständen, körperlicher Bedrohung des Gegenübers etc. Die sich daraus implizierenden Probleme im Alltag sind offensichtlich.

Zusammenfassend können bei Kindern und Jugendlichen mit FASD verschiedene neuropsychologische Domänen betroffen sein, die in ihrer Kombination zu einer deutlichen Einschränkung des schulischen Erfolges führen können. Laut einer deutschen Studie von 2008 (Spohr und Steinhausen), die ein 20-Jahre Follow-Up von Menschen mit FASD beinhaltet, wird beschrieben, dass 49 % der Betroffenen die Förderschule, 38 % die Grundschule und 13 % eine weiterführende Schule absolvierten. In einer amerikanischen Studie von 2004 ergab sich, dass 61 % der befragten Erwachsenen mit FASD ihre Schullaufbahn abgebrochen hatten (Streissguth et al. 2004).

Die neurokognitive kombinierte Funktionsstörung bei Kindern und Jugendlichen mit FASD führt nicht nur zu Schulversagen, sondern auch zu starken Beeinträchtigungen in der Selbstständigkeit, in den Alltagsfunktionen und im sozialen Miteinander und stellt damit ein deutliches Risiko für die Persönlichkeitsentwicklung der Betroffenen dar.

Merke
Eine ausführliche neuropsychologische Beurteilung ist bei Kindern mit FASD erforderlich, um individuelle Stärken und Schwächen des Kindes erkennen und alltagsbezogen fördern zu können.

3.3 Psychosoziale Entwicklungsrisiken

Die psychosozialen Entwicklungsrisiken, die sich aus den kognitiven Einschränkungen bzw. neuropsychologischen Auffälligkeiten der Kinder mit FASD ergeben, werden in Kapitel 3.2 ausführlich erläutert.

Fallvignette 2: Luisa
Luisa ist das 2. Kind einer 21-jährigen Mutter. Die Schwangerschaft wurde durch Heroin-, Kokain-, Nikotin- und Alkoholabusus sowie Polamidonsubstitution und Hepatitis A, B und C-Infektion der Mutter kompliziert. Außerdem litt die Mutter wegen massiver Partnerkonflikte während der Schwangerschaft unter hohem Stress. Luisa wurde in der 37+1. Schwangerschaftswoche per Kaiserschnitt mit unauffälligen APGAR-Werten geboren. Ihre Geburtsmaße waren: Größe: 2.740 g, Länge 48 cm, Kopfumfang 33 cm. Am zweiten Lebenstag begann ein neonatales Entzugssyndrom mit Krampfanfällen, die durch Tinctura opii und Phenobarbital erfolgreich therapiert wurden. Luisa wurde nach meh-

reren Wochen, in denen sich die Mutter sehr intensiv in der Klinik um sie gekümmert hatte, mit einem etablierten aufsuchenden und beratenden Unterstützungssystem nach Hause entlassen.

In der Familienanamnese ist eine Alkoholkrankheit der Großmutter mütterlicherseits und des Großvaters väterlicherseits zu eruieren. Die Mutter ist seit dem 14. Lebensjahr alkohol- und drogenabhängig.

Im Säuglings- und Kleinkindalter ist die Mutter sorgeberechtigt. Nachdem Luisa mehrfach unbeaufsichtigt aufgegriffen wird, geht die Betreuungsaufgabe an den Großvater mütterlicherseits über. Als Luisa 8 Jahre alt ist, stirbt ihre Mutter an einer Überdosis.

Luisa wechselt zweimal den Kindergarten, wird von der Einschulung zurückgestellt, dann in der 2. Klasse vom Schulunterricht in der Regel-Grundschule suspendiert und, nach einigen Monaten zu Hause, in einer Inklusionsschule mit Schulbegleiter unterrichtet.

Im Entwicklungsverlauf liegen bei Luisa folgende dauerhafte Problembereiche vor: Schwierigkeiten in der Selbstregulation (Aufmerksamkeitsregulation, unkontrolliertes Essverhalten), emotionale Instabilität mit aggressiven Durchbrüchen, Regel- und Grenzverletzungen, soziale Kompetenzdefizite, niedriger Selbstwert, Schwächen in der Rechtschreibung und im Lesen bei einer tendenziellen Stärke im Rechnen.

In der neurologischen Untersuchung mit 15 Jahren fallen eine fein- und grobmotorische Koordinationsstörung bei überdurchschnittlicher Körpergröße, Körpergewicht und Kopfumfang auf. Im EEG zeigen sich generalisierte Spike-Wave-Komplexe in der Einschlafphase. Luisa hat eine grenzwertig schmale Oberlippe (Rang 3–4 laut Lip-Philtrum Guide), ein normal ausgebildetes Philtrum (Rang 2–3 laut Lip-Philtrum Guide) und eine Lidspaltenlänge im Durchschnittsbereich (kanadische Perzentilen). Unspezifische phänotypische Auffälligkeiten sind leichter Epikanthus beidseits, breite Nasenwurzel, leicht antevertierte Nasenlöcher, kleines Kinn und wenig ausgeprägte Fußfurchen.

Als neuropsychologische Befunde zeigt sich ein Gesamt-IQ von 103 mit einem heterogenen Profil (Verbal-IQ > Handlungs-IQ >

Verarbeitungsgeschwindigkeit > Arbeitsgedächtnis). Der Schulerfolg ist deutlich diskrepant zu der gemessenen Intelligenz. Luisa hat weitere Beeinträchtigungen in den folgenden ZNS-Domänen: Konzentration, Gedächtnis (vor allem visuell-räumliche Merkfähigkeit), Exekutivfunktionen, Rechtschreibung, Lesen und Verhalten.

Luisa merkt, dass sie anders ist als die anderen Jugendlichen und reagiert darauf mit Rückzug bei Gleichaltrigen und Wutausbrüchen zu Hause. Sie benötigt eine Begleitung, um den Schulweg und den Schulalltag zu bewältigen. Zu Hause kann sie ihr übertragene, für das Alter adäquate Aufgaben im Haushalt nicht alleine ausführen und vernachlässigt ihre Körperpflege. Über ihre, in Phasen unkontrollierbaren, körperlichen Aggressionen und ihre Zerstörungswut ist sie im Nachhinein immer sehr betroffen.

Der Großvater, der als Pflegevater die Erziehung des Kindes übernommen hat, befindet sich in einer permanenten Überforderungssituation und fühlt sich von den zuständigen Ämtern im Stich gelassen. Die Unterbringung des Kindes in einer betreuten Wohngemeinschaft wird seit Längerem diskutiert, ein Platz ist jedoch trotz ständiger Nachfrage und langer Wartezeit noch immer nicht vorhanden. Das Schulversagen und die völlige Unselbständigkeit von Luisa lassen den Großvater hinsichtlich ihrer Zukunftsperspektiven verzweifeln. Eine geschützte Lehr- und Arbeitsstelle werden sie sich, aufgrund der durchschnittlichen Intelligenz des Mädchens, nur schwer erkämpfen können.

Spohr und Steinhausen (2008) eruierten in ihrer Studie die vielfältigen psychosozialen Einschränkungen von Menschen mit FASD. So hatten nur 13 % der untersuchten jungen Erwachsenen wenigstens einmal einen Job auf dem ersten Arbeitsmarkt. 27 % der von FASD betroffenen Erwachsenen lebten in Institutionen, 35 % im betreuten Wohnen, 8 % bei den Eltern, 14 % unabhängig, 8 % mit einem Partner und 8 % mit der eigenen Familie. Das bedeutet, dass nur ca. ein Drittel der Menschen mit FASD ein selbstständiges Leben führen konnte.

Menschen mit FASD haben ein hohes Risiko, Sekundärerkrankungen zu entwickeln (Streissguth et al. 2004). Diese sekundären

Störungen bzw. Beeinträchtigungen sind sehr wahrscheinlich multifaktoriell bedingt. Inwieweit die alkoholtoxische Hirnschädigung ein direkter Auslöser der Störungen ist, ist unklar. Langfristige frustrane Lebenserfahrungen wie Schulabbrüche, soziale Isolation, Stigmatisierung, Arbeitslosigkeit, Obdachlosigkeit und das Fallen durch das soziale Netz, mitsamt allen damit verbundenen Konsequenzen für die Persönlichkeitsentwicklung, spielen dabei sicher eine große Rolle. Aber auch genetische oder epigenetische Veränderungen durch die intrauterine Alkoholexposition und damit eine erhöhte Vulnerabilität der Menschen mit FASD bezüglich der Sekundärstörungen werden diskutiert.

Streissguth et al. (2004) beschreiben in ihrer Studie, dass 49 % der Menschen mit FASD ein inadäquates sexuelles Verhalten zeigen (durchschnittlicher Beginn dieser Auffälligkeit mit 9,6 Jahren) und 67 % Opfer körperlicher oder sexueller Misshandlung sind. 35 % der Menschen mit FASD sind selbst alkohol- und/oder drogenabhängig (durchschnittlicher Beginn riskanten Konsums mit 13,4 Jahren). 60 % der Betroffenen geraten in Gesetzeskonflikte (durchschnittlicher Beginn mit 12,8 Jahren) und 50 % der Erwachsenen mit FASD wurden bereits einmal stationär in einer psychiatrischen Klinik untergebracht oder waren im Gefängnis. Eine ältere Studie von Famy et al. (1998) ergab, dass 44 % der Menschen mit FASD eine Depression und 20 % entweder eine bipolare Störung oder eine Angststörung aufweisen.

> **Zusammenfassung**
> Die Auffälligkeiten in den ZNS-Funktionen sind sowohl medizinisch-psychologisch am schwersten zu erfassen als auch am relevantesten für den Alltag der Kinder mit FASD und ihres Umfeldes. Die typischerweise bei Kindern mit FASD auftretenden neuropsychologischen Defizite beeinträchtigen die Persönlichkeitsentwicklung der Kinder und die Fähigkeit zum selbstständigen Leben. Diese Defizite persistieren meist im Erwachsenenalter.

4

Behandlungsansätze

4.1 Therapiemöglichkeiten und -notwendigkeiten bei FASD

4.1.1 Protektive Faktoren als Therapienotwendigkeit

Als Basis notwendiger therapeutischer Maßnahmen sollten protektive Faktoren zur Vermeidung von sekundären Störungen bei FASD Beachtung finden. Die drei wichtigsten Schutzfaktoren sind im Folgenden genauer beschrieben.

4 Behandlungsansätze

Eine frühe Diagnose

Die frühe Diagnose und die Vermeidung von Fehldiagnosen bei Kindern mit FASD sind für den Langzeit-Outcome ausschlaggebend (Streissguth et al. 2004, Alex und Feldmann 2012). Andernfalls haben biologische Eltern, Pflege- oder Adoptivfamilien von Kindern mit FASD meist wahrhaftige Odysseen von Vorstellungen bei Ärzten, Psychologen, ambulanten und stationären Einrichtungen hinter sich, bevor auf der Basis einer korrekten Diagnose eine adäquate Therapie bzw. Förderung eingeleitet werden kann. Die Kinder werden oft falsch diagnostiziert, was dazu führt, dass nicht zu erfüllende Erwartungen an sie gestellt werden. Misserfolg und Frustration sind vorprogrammiert. Je länger dieser Zustand anhält, desto weniger offen und kooperativ werden die Kinder – verständlicherweise – gegenüber neuen Therapie- oder Betreuungsansätzen.

Um eine frühe Diagnose und damit eine Frühintervention zu gewährleisten, ist eine ausreichende Anzahl an niederschwelligen und wohnortnahen Diagnostik-Angeboten für Kinder mit Verdacht auf FASD erforderlich. Dies ist aktuell in Deutschland nicht der Fall. Die meisten der professionellen Helfer im Gesundheits- und Sozialsystem sind nicht oder unzureichend über das Störungsbild FASD und seine Implikationen für das Alltagsleben informiert.

> **Merke**
> Die Diagnose der FASD konstituiert das Krankheitskonzept und ist daher die Basis für jegliche erfolgversprechende Therapie.

Ein stabiles, förderndes Umfeld während der Kindheit

Da Kinder mit FASD durch die alkoholtoxische Gehirnschädigung in mehreren neuropsychologischen Domänen beeinträchtigt sind, ist die Erziehung und Betreuung dieser komplex beeinträchtigten Kinder für alle professionellen und nicht-professionellen Bezugspersonen eine Herausforderung.

Leibliche, Pflege- oder Adoptiveltern werden häufig nicht oder zu wenig über das Krankheitsbild aufgeklärt und können sich deswegen nicht auf die zu erwartenden Probleme im Umgang mit dem betroffenen Kind einstellen. Die Unselbstständigkeit, die emotionalen Regulations- und Verhaltensstörungen und die Lernschwierigkeiten von Kindern mit FASD erfordern eine ständige Unterstützung und erschweren oder boykottieren den intuitiven Erziehungsansatz der Eltern. Folge ist, dass viele Eltern an ihrem Erziehungsstil zweifeln und ihre Zuneigung zum Kind in Frage stellen.

Da auch die unterstützenden Instanzen des Sozial- und Gesundheitsdienstes häufig nicht oder schlecht über die Komplexität des Störungsbildes FASD aufgeklärt sind, wird auch von deren Seite keine ausreichende Unterstützung bereitgestellt. Häufig werden die Eltern sogar beschuldigt, ihr Kind falsch oder schlecht zu erziehen oder nicht ausreichend zu lieben. Die Konsequenz davon ist, dass das Familiensystem nach einiger Zeit dekompensiert, die Eltern resignieren und das Kind eventuell andernorts untergebracht werden muss. Dass sich dort ähnliche Muster wiederholen (können), ist einleuchtend. Daraus folgen ständig wechselnde Unterbringungen der Kinder mit FASD, wodurch deren Langzeit-Outcome negativ beeinflusst wird.

Fallvignette 3: Benjamin
Benjamin ist 7 Jahre alt, lebt in einer deutschen Großstadt und hat FASD.

Der Alkoholkonsum der Mutter während der Schwangerschaft war bekannt. Nach der Geburt wurde Benjamin nach Hause entlassen. Nachdem die Nachbarn wegen ständigen, stundenlangen Schreiens eines Babys die Polizei informiert hatten, wurde diese nach mehrfachen Anrufen aktiv. Die Polizei fand Benjamin im Alter von 6 Monaten alleine zu Hause und die Mutter an der Tankstelle vor. Benjamin wurde ad hoc in einer Kinderschutzstelle untergebracht. Nach 4 Wochen erkannte der, von der Mutter getrenntlebende, Vater die Vaterschaft an und holte Benjamin zu sich nach Hause. Nach 5 Monaten informierte der Vater das Jugendamt darüber, dass er sich mit der Betreuung des »Schreibabys« überfordert fühle. Das Kind

4 Behandlungsansätze

> kam daraufhin in eine Bereitschaftspflegefamilie. Die Mutter hatte in der Zwischenzeit einen Entzug gemacht und erhob erneut Anspruch auf Benjamin. Da es Konflikte zwischen den Eltern gab und ein Gutachten über die Erziehungsfähigkeit der Mutter angefordert wurde, blieb Benjamin ein Jahr in der Bereitschaftspflege. Danach wurde der Mutter vom Familiengericht das Sorgerecht erneut zugesprochen und das Kind zur Mutter entlassen. Im Alter von 3 ½ Jahren wurde Benjamin zusammen mit seinem kleinen Geschwisterkind alleine am Bahnhof, in Mülltonnen nach Essbarem wühlend, von der Polizei aufgegriffen – die Mutter lag bewusstlos in der Bahnhofstoilette. Benjamin wurde mit seiner kleinen Schwester in einer zweiten Bereitschaftspflegefamilie untergebracht, die über den Alkoholkonsum der Mutter während der Schwangerschaft nichts wusste. Benjamin zeigte immer deutlichere Verhaltensstörungen, die die Pflegefamilie derart belasteten, dass er nach einem Jahr von der Schwester getrennt und in einem Kinderheim untergebracht wurde. Im Kinderheim verbrachte Benjamin, der mittlerweile die Diagnose FASD bekommen hatte, zwei Jahre bevor die dort zur Verfügung stehenden Betreuungspersonen eine Meldung an das Jugendamt machten, dass sie die Erziehung des Jungen nicht mehr adäquat leisten könnten, da er eine 1:1-Betreuung und ständige Beobachtung benötige. Die anderen Heimkinder würden von ihm bedroht werden, er stehle und laufe weg. Benjamin verbrachte daraufhin vier Monate in einer kinder- und jugendpsychiatrischen Klinik. Jetzt lebt er in einem heilpädagogischen Kleinstheim. Benjamin hat im Alter von 7 Jahren bereits 9 Wechsel von Bezugspersonen hinter sich.

Kein Erleben körperlicher oder sexueller Gewalt

Kinder mit FASD haben ein hohes Risiko, körperlich oder sexuell misshandelt zu werden (Streissguth et al. 2004). Ursachen für die Gefahr des sexuellen Missbrauchs können das häufig auftretende gestörte Nähe-Distanz-Empfinden, die Leichtgläubigkeit und die Unfähigkeit der Kinder, Konsequenzen richtig abzuschätzen, sein. Dies macht sie zu leicht verführbaren Opfern. Beim hohen Risiko der körperlichen Misshandlung spielen wahrscheinlich einerseits die Exekutivfunktionsstörung, die emotionale Regulationsstörung mit aggressivem Verhalten und die Verständnisschwierigkeiten des Kindes mit FASD und andererseits die Überforderung der Bezugsperson oder ein sozial desolates Familiensystem eine Rolle. Familienunterstützende und -entlastende Maßnahmen sind häufig nur unzureichend vorhanden. Die verantwortlichen Einrichtungen bzw. Behörden sind häufig unterbesetzt und/oder unterschätzen den Versorgungsaufwand von Kindern mit FASD und die Überforderung der Bezugspersonen.

4.1.2 Grundsätze therapeutischer Möglichkeiten

Menschen mit FASD haben eine alkoholtoxische Gehirnschädigung. Diese ist biologisch nicht reparabel. Somit ist keine kausale Therapie möglich. Eine funktionelle Therapie von Kindern mit FASD ist jedoch möglich und notwendig.

Studien über die Effektivität von Therapiemaßnahmen bei Kindern und Jugendlichen mit FASD sind kaum vorhanden. In Europa sind die bei Kindern mit FASD angewendeten Unterstützungsmaßnahmen nicht standardisiert und strukturierte Interventionsprogramme für spezifische Defizite sind selten evaluiert. Ein Übersichtsartikel von 2011 listet nur 12 Publikationen über empirisch basierte Interventionen für Kinder mit FASD auf (Kodituwakku und Kodituwakku 2011).

Hinsichtlich der Förderung kognitiver Fähigkeiten scheint der Effekt von Trainings mit Fokus auf die Aufmerksamkeits- und Selbstregulation deutlich nachhaltiger zu sein als eine domänenspezifische Förderung, z. B. im Schreiben oder Rechnen (Kodituwakku 2010).

> **Transfer**
> Von FASD betroffene Kinder und Jugendliche haben kein einheitliches neuropsychologisches Profil. Daher muss die Förderung individuell ausgewählt und im Entwicklungsverlauf immer wieder angepasst und neu gewichtet werden.

Kinder mit FASD zeigen typischerweise je nach Entwicklungsstand unterschiedliche Auffälligkeiten. Im Neugeborenenalter fällt häufig eine Störung im Schlaf-Wach-Rhythmus und in der emotionalen Regulation auf, der im späteren Säuglingsalter teils Fütterstörungen und eine verzögerte motorische Entwicklung folgt. Im Kleinkindalter ist dann zusätzlich zur motorischen teils auch eine sprachliche, soziale und/oder kognitive Entwicklungsverzögerung vorhanden. Von den typischerweise bei Kindern mit FASD vorkommenden Symptomen werden häufig als erstes, im Vorschulalter beginnende, Probleme mit der Aufmerksamkeitsregulation mit (oder ohne) Hyperaktivität bemerkt. In der Grundschule werden oft Defizite in den exekutiven Funktionen und im sozialen Verhalten prominent. In der weiteren Schullaufbahn können alle beschriebenen Bereiche der funktionellen ZNS-Störungen vorhanden sein. Im Jugendalter kommen häufig sekundäre Störungen hinzu wie psychische/psychiatrische Probleme, Verhaltensstörungen, Delinquenz/Kriminalität und die Erkenntnis der Unfähigkeit ein selbständiges Leben zu führen.

Aus dieser Aufzählung von typischen Auffälligkeiten von Kindern und Jugendlichen mit FASD wird ersichtlich, dass sich das neuropsychologische Profil im Entwicklungsverlauf ändert. Verlaufsbeurteilungen sind daher in der gesamten Kindheit und Jugend unabdingbar, um die in der momentanen Entwicklungsphase dringenden Probleme und Alltagseinschränkungen zu eruieren und adäquate Förderungen zu initiieren sowie Unterstützungsmaßnahmen für die Familie zu etablieren.

Eine multidisziplinäre Betreuung – ärztlich, psychologisch und pädagogisch – ist sowohl für das Kind als auch dessen Bezugspersonen notwendig.

Die obersten Ziele der Intervention, Förderung und Unterstützung von Kindern und Jugendlichen mit FASD sind das Erlernen von notwendigen Alltagsfunktionen und der Erhalt bzw. die Verbesserung der Lebensqualität des erkrankten Kindes und seiner Familie.

Voraussetzungen für eine effektive Förderung von Kindern mit FASD sind, dass alltagsrelevante Inhalte mit dem Kind und den

Bezugspersonen diskutiert und festgelegt werden und die Förderinhalte sich an der Resilienz des Kindes und der Bezugspersonen orientieren.

> **Zusammenfassung**
> Bei der Therapie und Förderung von Kindern mit FASD sind durch die professionellen Helfer folgende Basis-Strategien zu beachten:
>
> * Überforderung des Kindes und der Eltern vermeiden
> * Stärken des Kindes und der Eltern stärken
> * kleine Ziele positiv belegen
> * Transfer in den Alltag begleiten

Als Patienten-fokussierte Therapien sind, individuell ausgewählt und in ihrer Durchführung an das Störungsbild angepasst, folgende Therapieformen für Kinder und Jugendliche mit FASD möglich:

* Physiotherapie
* Ergotherapie
* Logopädie
* Heilpädagogik
* Psychotherapie: Konzentrationstraining
* Selbstwirksamkeitstraining
* Soziales Kompetenztraining
* Verhaltensmodulation
* Kognitives Training

Als Eltern-fokussierte Therapiestrategien können genannt werden:

* Kontinuierliche Elternberatung und -unterstützung
* Elterntraining
* Soziales Kompetenztraining
* Beratung hinsichtlich Erziehungsstilen
* Verhaltensmodulation

4 Behandlungsansätze

- Kognitives Training
- Psychotherapie
- Sozialrechtliche Beratung hinsichtlich Unterstützungsmöglichkeiten

Wichtig ist außerdem die Beratung der Eltern/Bezugspersonen hinsichtlich einer geeigneten Kindergarten- und Schulform mit Einbezug des älteren Kindes in die Entscheidung, sowie im Jugendalter die Wahl einer passenden Lehr- oder Arbeitsstelle. Eine Überforderung des Kindes bzw. des Jugendlichen in den Ausbildungsstätten sollte vermieden werden, da erfahrungsgemäß dadurch die Langzeitperformance in Schule und Beruf deutlich beeinträchtigt wird. Viele Eltern wählen für ihr Kind mit FASD eine zu schwierige Schulform oder eine überfordernde Lernumgebung, da sie erwarten, dass sich das Kind durch den Vergleich mit den »besseren« Mitschülern besonders anstrengt und damit einen höheren Abschluss schaffen kann. Häufig führt diese gut gemeinte Wahl der Eltern jedoch zu Schulverweigerung, psychosomatischen Beschwerden oder Verhaltensauffälligkeiten des überforderten Kindes und ist somit für die Langzeitentwicklung eher kontraproduktiv.

Die Elternarbeit sollte kontinuierlich, begleitend zu den Beurteilungen des Kindes im Entwicklungsverlauf, erfolgen. Wie bereits erläutert, ändern sich die Symptome der Kinder mit FASD mit zunehmendem Alter. Somit sind auch die Eltern und andere Bezugspersonen ständig mit neuen Problemen und Herausforderungen konfrontiert und bedürfen daher einer engmaschigen Beratung und Unterstützung. Ziele der elternfokussierten Therapie sollten, ebenso wie bei den Kindern, die Vermeidung der Überforderung der Eltern und eine Verbesserung der Lebensqualität der Familien sein.

Erfolgsversprechende Therapie- bzw. Fördermaßnahmen für Kinder und Jugendliche mit FASD, jeweils aufgelistet zu den betroffenen ZNS-Funktionen, sind in der Tabelle aufgeführt (▶ Tab. 4.1) (Landgraf et al. 2017).

4.1 Therapiemöglichkeiten und -notwendigkeiten bei FASD

Tab. 4.1: Vorschläge für bereichsspezifische Therapie-/Förderungsmaßnahmen

Typischerweise bei Kindern mit FASD betroffene ZNS-Bereiche	Therapie/Förderung
Kognition	• geeignete Kindergarten- und Schulform • Psychoedukation der Bezugspersonen zur Vermeidung von Überforderung des Kindes
Aufmerksamkeit	• Ergotherapie • Marburger Konzentrationstraining (an IQ/Gedächtnisleistung und Exekutivfunktionen individuell angepasst) • Cognitive Orientation to daily Occupational Performance (CO-OP) • Psychoedukation älterer Kinder • Medikation
Exekutive Funktionen	• Heilpädagogik • Ergotherapie • CO-OP • Psychoedukation der Bezugspersonen: kleine Ziele, Veranschaulichungsmaterial je nach Stärken des Kindes etc.
Lern- und Merkfähigkeit	• adäquate Betreuungsform • angepasstes Kindergartensetting • geeignete Schulform • Psychoedukation der Bezugspersonen • ressourcen- bzw. stärkenorientierte Lernstrategien
Räumlich-visuelle Wahrnehmung oder räumlich-konstruktive Fähigkeiten	• Ergotherapie • Techniken und Hilfsmittel für den Schul- und häuslichen Alltag
Rechenfertigkeiten	• Psychoedukation
Feinmotorik	• Ergotherapie
Sprache	• Logopädie
Soziale Fertigkeiten oder Verhalten	• Psychoedukation im Einzel- und Gruppensetting • Soziales Kompetenztraining • Kinder- und Jugendlichen-Camps • Rehabilitationsbehandlung • Medikation

4.2 Psychotherapie

Psychotherapeutische Ansätze bei Kindern mit FASD beinhalten häufig psychoedukative oder neurokognitive Schwerpunkte. Psychoanalytische, tiefenpsychologische und Bindungstheoretische Elemente werden ebenfalls eingesetzt, vor allem wenn in der Vorgeschichte ein instabiles Umfeld, häufige Beziehungswechsel oder Vernachlässigung eine große Rolle spielen.

Für die Erledigung alltagsrelevanter Aufgaben sind verhaltenstherapeutische Maßnahmen, häufig mit Visualisierungshilfen (z. B. durch Bildkarten oder Fotos) und Belohnungssystemen, erfolgsversprechend.

Die verhaltenstherapeutischen Maßnahmen können in den ZNS-Funktionsdomänen Aufmerksamkeit, Merkfähigkeit, Exekutivfunktionen und Sozialverhalten mit adaptiven Funktionen eingesetzt werden.

Übliche standardisierte Programme zeigen aufgrund der Komplexität des Störungsbildes FASD häufig nicht die erwünschte Wirkung. Daher müssen diesbezüglich erfahrene Psychologen, Psychotherapeuten und Psychiater eingesetzt werden, die sich mit dem Störungsbild auskennen und die standardisierten Therapien individuell anpassen können.

Dabei spielt nicht nur die Psychoedukation der Kinder, sondern auch die der Bezugspersonen eine ausschlaggebende Rolle. Das Gesamtsystem Familie muss unterstützt werden, um einen positiven Effekt beim Kind zu erzielen.

4.3 Sprachtherapie, Physiotherapie, Ergotherapie

Kinder mit FASD können eine Sprachentwicklungsverzögerung, eine rezeptive Sprachstörung oder Schwierigkeiten in der verbalen Kogni-

4.3 Sprachtherapie, Physiotherapie, Ergotherapie

tion haben (Nash et al. 2013, Quattlebaum und O'Connor 2013, Kuehn et al. 2012). Da Sprache eine der wichtigsten Grundlagen des Lernens ist und der Spracherwerb Voraussetzung für den Schrifterwerb, sind sprachtherapeutische, sprachheilpädagogische oder logopädische Förderkonzepte für einige Kinder mit FASD sehr wichtig.

Physiotherapie wird häufig in jüngerem Alter bei Kindern mit FASD und einer motorischen Entwicklungsverzögerung eingesetzt. Auch im Kindergarten- und Schulalter kann eine physiotherapeutische Unterstützung im Bereich der Körperkoordination Sinn machen, wenn dadurch vom Kind erwünschte Entwicklungsaufgaben wie Fahrradfahren oder Klettern ermöglicht werden, die wiederum zur verbesserten sozialen Akzeptanz und einem höheren Selbstbewusstsein des Kindes führen.

Gleichzeitig ist ein Training zur Verbesserung der Selbsteinschätzung der motorischen Fähigkeiten und Steigerung des Gefahrenbewusstseins häufig erforderlich.

Eine Förderung der Körperkoordination mit Alltagsbezug befindet sich im Überschneidungsfeld von Physio- und Ergotherapie. Am wichtigsten hinsichtlich der Entscheidung, welche Therapieform gewählt werden soll, ist sicherlich die Erfahrung des Therapeuten, dessen Flexibilität in therapeutischen Maßnahmen und dessen Kenntnis vom Störungsbild FASD.

Im ergotherapeutischen Bereich kann auch die feinmotorische Koordination gefördert werden, die bei Kindern mit FASD häufig gestört ist. Auch hier sollten der Therapeut, das Kind und die Bezugspersonen kleine, alltagsbezogene Teilziele festlegen, diese trainieren und dann mit Hilfe des Therapeuten in den Alltag integrieren.

Auch die Graphomotorik, die für den Schrifterwerb und damit für den Schulerfolg sehr wichtig ist, kann ergotherapeutisch gefördert werden. Mögliche Hilfsmittel bzw. Hilfsmaßnahmen, z. B. Abdeckhilfen, »Mauern« oder Platzierung in der Klasse, können vom Ergotherapeuten vorgeschlagen und ausprobiert werden und dem Kind den Alltag deutlich erleichtern.

Viele Ergotherapeuten haben Zusatzqualifikationen oder angeeignetes Wissen über Konzentrationstrainings und Fördermethoden in den Bereichen der Exekutivfunktionen und der visuell-räumlichen Wahrnehmung bzw. räumlich-konstruktiven Fähigkeiten. Dabei spielen Hilfsmittel zur Veranschaulichung abstrakten Materials oder zur Reduktion von Zielen in kleine Teilschritte eine große Rolle für Kinder mit FASD.

4.4 Sozial- und heilpädagogische Angebote

Kinder mit intrauteriner Alkoholexposition weisen häufig Auffälligkeiten im Spielverhalten auf. Pearton et al. zeigten in ihrer Studie (2014), dass die betroffenen Kinder in den Bereichen intrinsische Motivation, interne Kontrolle, Realitätsaufhebung und Rahmenhandlung Schwierigkeiten hatten und besonders im sozialen Spiel Defizite aufwiesen. Das Spielverhalten in jungem Alter wird häufig zur ersten Einschätzung der kognitiven Fähigkeiten herangezogen.

Heilpädagogische Förderung kann bereits im frühen Kindesalter eingesetzt werden und zur Verbesserung der sozialen Interaktion und des Spielverhaltens bei Kindern mit FASD beitragen.

Auch Elternberatung hinsichtlich Erziehungsstil und konsequenter Einhaltung und Umsetzung von Regeln kann im Rahmen heilpädagogischer Betreuung stattfinden.

In großen Regel-Kindergartengruppen geraten Kinder mit FASD aufgrund ihrer neurokognitiven Schwierigkeiten häufig ins Abseits, werden gemieden oder fallen durch aggressives Verhalten auf. Ursache dafür ist häufig die Überforderung der betroffenen Kinder. Im Kindergartenalter sind daher viele Kinder mit FASD auf integrative Kindertagesstätten oder heilpädagogische Einrichtungen angewiesen. Diese Kinder mit FASD benötigen den dort angebotenen kleinen, überschaubaren und sehr strukturierten Rahmen zum spielerischen Lernen und die Möglichkeit kontinuierlichen individuellen Feedbacks durch die ausgebildeten Betreuer.

Auch im Schulalter benötigen viele Kinder mit FASD weitere Unterstützung, sei es in Form von Diagnose-Förderklassen, Förderzentren, heilpädagogischen Horts oder Schulbegleitern.

4.5 Medikamentöse Therapie

Kinder mit FASD, die eine starke Aufmerksamkeitsstörung – mit oder ohne Hyperaktivität – haben, scheitern häufig trotz guter kognitiver Leistungsvoraussetzungen in der Schule und auch bei Sozialkontakten. In diesen Fällen steht eine medikamentöse Therapie der ADHS bzw. ADS zur Diskussion.

Die Studien hinsichtlich der Effektivität von Methylphenidat, Dexamfetamin, Atomoxetin oder anderer aufmerksamkeits- und verhaltensregulierender Substanzen bei Kindern mit FASD und ADHS sind widersprüchlich. Dabei scheint das alleinige ADHS ohne FASD sehr viel leichter therapierbar als die Kombination von FASD und ADHS. Häufig wird ein früher Einsatz mit einer hohen Dosis bei Kindern mit FASD als erfolgversprechendsten hinsichtlich der Schulleistung angesehen.

Unserer Erfahrung nach sollte die medikamentöse Therapie einer Aufmerksamkeitsstörung bei Kindern mit FASD immer mit einem ergotherapeutischen oder psychotherapeutischen Konzentrationstraining und einer Elternberatung kombiniert werden.

Das Medikament wirkt so als Hilfsmittel zur Fokussierung auf das Konzentrationstraining, dessen Inhalte auch zuhause geübt oder umgesetzt werden können.

Bei einigen Jugendlichen mit FASD ist die Verhaltensstörung so ausgeprägt, dass die Kinder selbst- oder fremdgefährdend agieren. In diesen Fällen ist eine medikamentöse Therapie mit Risperidon oder Pipamperon (Neuroleptika) oder in Einzelfällen mit Valproat (Antikonvulsivum) in Kombination mit einem sozialen Kompetenztraining im Einzel- und Gruppensetting zu erwägen.

4.6 Vernetzte Versorgung

In der S3-Leitlinie FASD ist als Expertenkonsens aufgeführt: »Bei Kontakt zum Gesundheits-/Hilfesystem sollten, wenn ein Kind Auffälligkeiten in einer der vier diagnostischen Säulen zeigt, die drei anderen diagnostischen Säulen beurteilt oder ihre Beurteilung veranlasst werden« (Landgraf und Heinen 2017). Dies impliziert, dass jede Fachkraft, auch bei minimalen Auffälligkeiten des Kindes, wegen der hohen Prävalenz an FASD denken soll und dass sie die Verantwortung dafür trägt, dass das Kind möglichst rasch eine adäquate Diagnostik und damit Therapie bekommt. Die hierbei angesprochenen Berufsgruppen sind vielfältig: Pflegepersonal, Hebammen, Entbindungspfleger, Sozialpädagogen, Sozialarbeiter, Therapeuten, Psychologen, Kinder- und Jugendlichen-Psychotherapeuten, klinisch tätige oder niedergelassene Ärzte der Gynäkologie, der Kinder- und Jugendmedizin einschließlich der Schwerpunktgebiete Neonatologie, Intensivmedizin, Neuropädiatrie, Entwicklungsneurologie und Sozialpädiatrie, der Kinder- und Jugendpsychiatrie, der Allgemeinmedizin und des öffentlichen Gesundheitsdienstes.

Die professionellen Helfer sollten über FASD aufgeklärt sein und wissen, wo (in welchem Zentrum und durch wen) die Kinder diagnostisch beurteilt werden können.

Da eine multidisziplinäre Diagnostik, vor allem im Bereich der ZNS-Funktionen, bei Kindern und Jugendlichen mit FASD benötigt wird und die Familie häufig einer komplexen Betreuung bedarf, sind die Sozialpädiatrischen Zentren (SPZ) besonders geeignet für diese Patientengruppe. Einige SPZ in Deutschland haben sich in den letzten Jahren ausführlich über das Störungsbild FASD informiert und können eine adäquate Diagnostik anbieten – sehr viele SPZ-Mitarbeiter kennen sich leider weiterhin eher weniger gut aus.

Die sozialrechtliche Beratung von Familien mit Kindern mit FASD ist ebenso wie die Diagnostik der betroffenen Kinder komplex, aber wichtig und notwendig für das Alltags- und Familienleben sowie für eine adäquate, finanzierte Förderung der Kinder. Meist ist eine solche

Beratung aus Zeitgründen und wegen der notwendigen Expertise nur in speziellen Settings wie einem SPZ möglich. Ein Ratgeber zu sozialrechtlichen Fragestellungen bei FASD wurde von Gila Schindler unter Beteiligung von Heike Hoff-Emden entwickelt (2017).

Nach erfolgter Diagnose, z. B. in einem SPZ, ist die Überweisung zurück zum Kinderarzt zur allgemeinpädiatrischen Verlaufskontrolle und zu ambulant tätigen Therapeuten oder Frühförderstellen sinnvoll. Somit wird gewährleistet, dass das Kind vor Ort eine adäquate Unterstützung bekommt.

Meist haben die Eltern und die anderen Bezugspersonen des Kindes (Erzieher, Lehrer, Jugendamtsbetreuer etc.) einen großen Bedarf an Beratung und erfahrener fachlicher Unterstützung, die häufig engmaschiger und langer persönlicher oder im Notfall telefonischer Beratungstermine bedarf. Diese professionellen Leistungen sind nicht während der zeitlich meist sehr begrenzten Kinder- oder Hausarztbesuche und auch kaum in einem SPZ realisierbar. Spezifische Betreuungs- und Beratungszentren für Menschen mit FASD und ihre Bezugspersonen sind in Deutschland nicht etabliert.

> **Zusammenfassung**
> Eine vernetzte, multidisziplinäre Diagnostik und Therapie des Kindes sowie Unterstützung der Familie bei den komplexen Störungsbildern der FASD ist dringend notwendig. Auch auf eine kontinuierliche, konstruktive, zeitnahe, interdisziplinäre Kommunikation zwischen den verschiedenen Helfern – seien es Ärzte, Sozialarbeiter, Psychologen, Pädagogen etc. – muss geachtet werden. Dabei sollte die individuelle Problemlage und Alltagseinschränkung des Kindes immer im Fokus sein und die Unterstützung des Kindes bzw. der Familie ressourcenorientiert geplant und durchgeführt und im Verlauf fortwährend individuell adaptiert werden.

Prävention von Alkoholkonsum in der Schwangerschaft und Fetaler Alkoholspektrumstörungen

Tanja Hoff

5

Konzepte, Methoden und Rahmenbedingungen der Prävention

5.1 Grundlagen

Zur Prävention der Fetalen Alkoholspektrumstörungen (d. h. also die Reduktion der Prävalenz und Inzidenz) und konsequenterweise des Alkoholkonsums in der Schwangerschaft als Ursache muss zunächst in unterschiedliche Zielgruppen einer präventiven Ansprache unterschieden werden: Es gilt, differenzierte Präventions- und Interventionsmodelle für verschiedene Zielgruppen zu entwickeln, die im folgenden Kasten aufgeführt sind.

> **Merke**
> Besonders zu beachtende Zielgruppen in der Prävention Fetaler Alkoholspektrumstörungen sind:
>
> * Mädchen und Frauen in zukünftig oder aktuell gebärfähigem Alter
> * Schwangere mit einem geringen/moderaten Alkoholkonsum, der aber für den Fötus auch bei dieser Konsummenge bereits gefährlich werden kann
> * Schwangere mit einem hohen Alkoholkonsum sowie ggf. auch bereits biografisch bestehenden Suchtproblemen oder Abhängigkeitserkrankungen

Dabei ist auch zu beachten, dass zukünftig eine Vielzahl an Fachkräftegruppen – nicht nur Gynäkologen und Hebammen in der Direktversorgung von Schwangeren – einzubinden sind, um eine signifikante Inzidenzreduktion zu erreichen.

5.1.1 Präventionsmodelle

Universelle, selektive und indizierte Prävention

Die Prävention der Fetalen Alkoholspektrumstörungen kann zum einen entsprechend der generellen Struktur von universellen, selektiven und indizierten Präventionsansätzen kategorisiert werden kann. Diese sind in der folgenden Tabelle übersichtlich und detailliert beschrieben (▶ Tab. 5.1).

Primäre, sekundäre und tertiäre Prävention

Im klassischen Präventionsmodell nach Caplan (1964) wird demgegenüber zwischen primärer, sekundärer und tertiärer Prävention unterschieden. Die primäre Prävention umfasst dabei Maßnahmen,

Tab. 5.1: Kategorien von Präventionsansätzen (Gordon 1983), spezifiziert für die FASD-Prävention

Präventionsansatz	allgemeine Zielgruppe	Spezifizierung der Zielgruppe für FASD	Beispiele
universell	die Gesamtbevölkerung, unabhängig von individuellen Risikofaktoren	alle Frauen im gebärfähigen Alter und deren Umfeld auf Mikro-, Meso- und Makro-Ebene	verhältnispräventiv: Beschränkung von Erwerb und Werbung, Verteuerung; verhaltenspräventiv: Informationen und Aufklärung über FASD bzw. Folgen von Alkoholkonsum in der Schwangerschaft, z. B. durch massenmediale Ansprache
selektiv	Gruppen mit bekannten Risikofaktoren, ohne dass bereits Auffälligkeiten/erste Symptome bestehen	Frauen in der Schwangerschaft, insbesondere bei riskanten Konsummustern bzw. Alkoholabhängigkeit vor der Schwangerschaft; mit bestehendem Alkoholkonsum in vorhergehenden Schwangerschaften; bereits mit FASD geborenen Kindern	Screening und bei positivem Befund Kurzinterventionen (kurze, max. 60 Minuten dauernde, bis zu fünf Mal stattfindende Beratungsprozesse; definiert nach Rumpf et al. 2016)
indiziert	Gruppen, bei denen bereits erste Krankheitssymptome bzw. Auffälligkeiten bestehen	Frauen mit weiter bestehendem Alkoholkonsum nach Bekanntwerden der Schwangerschaft (unabhängig von der konsumierten Menge)	Kurzinterventionen; bei schwereren Alkoholproblemen stationäre oder intensivierte, hochfrequente ambulante Suchttherapie

die sich an die Gesamtbevölkerung (gesund und bisher ohne subjektive oder objektive Krankheitssymptome) richtet, im Falle von Alkohol in der Schwangerschaft bzw. Verhinderung des FASD also eine allgemeine Aufklärung und Wissensvermittlung. Die sekundäre Prävention richtet sich an Personen mit ersten Symptomen eines Risikoverhaltens, also an schwangere Frauen und Frauen mit Kinderwunsch, die Alkohol konsumieren. Die tertiäre Prävention beinhaltet die Behandlung und Rehabilitation bei fortgesetzter Erkrankung, im Falle von FASD also Frauen mit fortgeführtem Alkoholkonsum oder einer fortgesetzten Alkoholabhängigkeit, bei denen die Therapieziele die Erlangung und Aufrechterhaltung einer Abstinenz sowie die Anbindung an das System der Suchttherapie sind (u. a. Merzenich und Lang 2002).

Hinsichtlich der universellen bzw. primären Prävention ist besonders die Ansprache von Mädchen und Frauen, die schwanger werden könnten, und deren Partner hervorzuheben: Häufig wird der zuvor praktizierte Alkoholkonsum fortgesetzt, wenn eine Frau schwanger geworden ist, davon aber noch nichts weiß. Die Auswirkungen des in dieser Zeit konsumierten Alkohols auf das ungeborene Kind betreffen dann besonders die ersten Entwicklungswochen des Embryos, ggf. auch einen großen Teil des ersten Trimesters der Schwangerschaft. Entsprechend ist – neben der gezielten Ansprache von Schwangeren selbst – besonders eine Aufklärung, Sensibilisierung und Motivierung von Mädchen und Frauen vor einer möglichen Schwangerschaft flächendeckend erforderlich. Siedentopf und Nagel (2014) benennen als Präventionsziel entsprechend nicht die Senkung der Inzidenz und Prävalenz von Fetalen Alkoholspektrumstörungen – auch unter Verweis auf den forschungsmethodologisch schwierigen Wirksamkeitsnachweis der Präventionsbemühungen auf Basis der grundlegenden Inzidenzrate Fetaler Alkoholspektrumstörungen –, sondern vielmehr die Vermeidung alkoholexponierter Schwangerschaften.

> **Merke**
> Nicht nur Schwangere mit bestehendem Alkoholkonsum sind in der FASD-Prävention besonders in den Blick zu nehmen, sondern auch Mädchen und Frauen vor einer möglichen Schwangerschaft zur Verringerung des Risikos alkoholexponierter Schwangerschaften.

Zur Reduktion des Risikos alkoholexponierter Schwangerschaften zeigen sich Kurzinterventionen für Frauen mit einem erhöhten Alkoholkonsum, aber unzureichendem kontrazeptiven Schutz, als wirksam. Dies gilt v. a. für die Verbesserung der Kontrazeptiva-Verwendung, weniger jedoch zur Reduktion des Alkoholkonsums (bei zwar signifikanten, aber kleinen Veränderungseffekten). Dabei ist auch interessant, dass sich im Erfolg dieser Kurzinterventionen (am Beispiel zweier Gesprächseinheiten, basierend auf der motivierenden Gesprächsführung sowie kognitiver Verhaltenstherapie) in einer Vergleichsstudie keine Unterschiede zwischen einem in der Regel kostengünstigeren telefonischen Angebot gegenüber einem persönlichen Gesprächsangebot fanden (Wilton et al. 2013).

Für die Sekundärprävention formulierten Merzenich und Lang in Anlehnung an Hungerford et al. (1994) und John et al. (1996) bereits 2002 sechs Grundsätze für Maßnahmen für »Frauen mit höherem Alkoholkonsum, der für das Kind möglicherweise mit dem Risiko des fetalen Alkoholsyndroms oder fetaler Alkoholeffekte verbunden ist«:

1. »Die Intervention setzt zu einem früheren Zeitpunkt ein. Sie beschränkt sich nicht ausschließlich auf schwangere Frauen, sondern sollte früher, und zwar bereits bei bestehendem Kinderwunsch einsetzen.
2. Es handelt sich um Kurzinterventionen mit geringem Zeitaufwand. Die Motivation zur Verhaltensänderung ist insbesondere bei Schwangeren sehr hoch, sodass auch Kurzinterventionen effektiv sind.
3. Die Initiative liegt bei den Beratenden (Arzt/Ärztin oder Hebamme), wobei die Sekundärprävention ein aktives Zugehen auf die Klientin erfordert.

4. Wesentliches Wirkgefüge ist die Motivierungsarbeit (persuasive Kommunikation).
5. Die Berater-Klientin-Interaktion ist durch eine verstehende, anfangs nicht konfrontierende Haltung des Beraters gekennzeichnet. Zunächst wird auf den Aufbau einer Beratungsbeziehung Wert gelegt, die Einstellungsänderungen grundsätzlich ermöglicht.
6. Ziel der Interventionen ist die Änderung des Trinkverhaltens bzw. die Verringerung des Alkoholkonsums nach aktiver Auseinandersetzung mit der Problematik seitens der Klientin.« (Merzenich und Lang 2002, S. 64)

Merke
In der Sekundärprävention für Schwangere mit bestehendem Alkoholkonsum haben sich als sinnvoll erwiesen:

- möglichst frühe Interventionen, also auch möglichst vor der Schwangerschaft bei bestehendem Kinderwunsch oder auch unzureichendem Kontrazeptiva-Schutz
- Kurzinterventionen mit z. T. geringem Zeitaufwand, so dass sie in vielfältigen Settings für Schwangere einsetzbar sind
- aktives, initiatives, aber empathisches und wertschätzendes Zugehen der Fachkräfte auf die Schwangere in der Ansprache des Konsums unter Einbeziehung motivierender Interventionen und positiver Gestaltung der Beratungsbeziehung
- Reduktion, bestenfalls die Abstinenz vom Alkohol während der gesamten Schwangerschaft als anzustrebendes Ziel jeglicher psychosozialer Intervention

Ziel aller Prävention: Punktnüchternheit in Schwangerschaft und Stillzeit

Mittlerweile sind aufgrund der nach wie vor fehlenden Erkenntnisse eines Konsumgrenzrichtwertes, der für den Fötus ungefährlich ist, nicht mehr nur Frauen mit höherem, sondern mit jeglichem wiederholtem Alkoholkonsum nach Bekanntwerden der Schwangerschaft als Risikogruppe zu definieren. Zwar wissen wir derzeit nicht, ob zur Verhinderung Fetaler Alkoholspektrumstörungen eine vollständige Alkoholabstinenz tatsächlich notwendig ist; aus dem Fehlen eines wissenschaftlich haltbaren, validen Konsumgrenzrichtwertes ergibt sich aber die explizite Empfehlung einer Punktnüchternheit während der gesamten Schwangerschaft (z. B. auch als Ziel der Nationalen Strategie zur Drogen- und Suchtpolitik in Deutschland; vgl. Drogen- und Suchtbericht 2017). Als *Punktnüchternheit* wird der vollständige Alkoholkonsumverzicht (»Null Promille«) in definierten Situationen wie z. B. am Arbeitsplatz, im Straßenverkehr oder in der Schwangerschaft bezeichnet.

Die von Merzenich und Lang formulierten Grundzüge der Sekundärprävention zu FASD bleiben weiterhin gültig, wie sich auch in den folgend dargestellten Handlungsfeldern der Prävention zeigen wird.

Merke
Da es derzeit keine wissenschaftlichen Erkenntnisse gibt, bis zu welchem Grenzwert des Alkoholkonsums keine Schädigung des Fötus auftritt, wird national und international eine vollständige Punktnüchternheit während der gesamten Schwangerschaft dringendst empfohlen.

5.1.2 FASD-Prävention: ein erster Überblick

Bewertung der aktuellen empirischen Lage

Während für die diagnostischen Kriterien der FASD in Deutschland durch die S3-Leitlinienentwicklung (Landgraf und Heinen 2013, Landgraf und Heinen 2016a) ein hoher forschungsmethodologischer Standard und Kenntnisstand vorliegt, stellen sich die empirischen Grundlagen zur Prävention des Alkoholkonsums in der Schwangerschaft bzw. der FASD deutlich defizitärer dar. Dies ist nicht nur in einer noch unzureichenden Evaluationspraxis begründet, sondern auch wesentlich durch Fragen der ethischen Machbarkeit von methodologisch hochrangigen Kontrollgruppendesigns: Welche Kontrollgruppendesigns sind ethisch vertretbar und realisierbar, wenn potenziell wirksame Interventionen in einer Experimentalgruppe lebenslange Behinderungen wie eine Fetale Alkoholspektrumstörung verhindern könnten?

Der Health Technology Assessment (HTA)-Bericht von Fröschl, Brunner-Ziegler und Wirl von 2013 weist mit seinen Ergebnissen einer systematischen Literaturrecherche in 30 internationalen Datenbanken mit letztlich zehn ausgewerteten Studien auf den noch unzureichenden empirischen Kenntnisstand der FASD-Prävention hin:

»Alle bewerteten Primärstudien stammen aus den USA und weisen qualitative Mängel auf. Aufgrund der eingeschränkten Stärke der Evidenz ist nicht auszuschließen, dass weiterführende, methodisch hochwertige Studien zu anderen Ergebnissen kommen. Alle Primärstudien untersuchten Kurzinterventionen. [...]

Zusammenfassend lässt sich sagen, dass Kurzinterventionen, insbesondere Screening bzw. systematisches Erfassen des Alkoholkonsums zu einer Reduktion des Alkoholkonsums bzw. zu einer Erhöhung der Abstinenz bei Schwangeren führen (Verbesserung bei Kontroll- und Interventionsgruppen). Unter welchen Bedingungen Kurzinterventionen erfolgreich und was explizite Erfolgsfaktoren sind, konnte mithilfe der dargestellten Studien nicht herausgearbeitet werden.« (Fröschl, Brunner-Ziegler und Wirl 2013, S. 1).

> **Merke**
> Bei einem insgesamt noch unzureichenden Vorliegen hochrangiger Studien zeigen sich Kurzinterventionen, insbesondere Screenings bzw. das systematische Erheben des Alkoholkonsums als erfolgversprechend in der Reduktion des Alkoholkonsums bei Schwangeren – vor allem bei Schwangeren ohne bestehende riskante Konsummuster (z. B. binge drinking) oder Abhängigkeitserkrankungen. Für Schwangere mit riskanterem Konsumverhalten bedarf es weitergehender, intensiverer Hilfen.

Die Ansprache auf Alkoholkonsum sowie Informationsgespräche und -broschüren (z. B. von der Bundeszentrale für gesundheitliche Aufklärung, www.bzga.de) und die damit einhergehende Sensibilisierung werden als effektive Möglichkeiten der Alkoholprävention in der Schwangerschaft bewertet, allerdings vorrangig für Frauen ohne bereits bestehende riskante Konsummuster. Für Risikogruppen mit einem bereits riskanten Alkoholkonsum oder auch einer Abhängigkeitserkrankung vor der Schwangerschaft besteht hingegen weiterer, zielgruppenspezifischer Interventionsbedarf, z. B. auch durch Angebote der Suchtberatung/-therapie.

Erfassung problematischer Konsummuster in der Schwangerschaft

Zur Einschätzung riskanter Konsummuster vor der Schwangerschaft können u. a. die Konsumgrenzen des reinen Alkohols/Tag herangezogen werden, wie sie für die Allgemeinbevölkerung gesetzt werden (▶ Tab. 5.2).

Tab. 5.2: geschlechtsspezifische Konsumgrenzen (Piontek et al. 2016)

Einstufung des Konsums	Konsumgrenzen Frauen (Menge reiner Alkohol/Tag)	Konsumgrenzen Männer (Menge reiner Alkohol/Tag)
risikoarmer Konsum	< 12 g	< 24 g
riskanter Konsum	> 12 bis 40 g	> 24 bis 60 g
gefährlicher Konsum	40 bis 80 g	60 bis 120 g
Hochkonsum	> 80 g	> 120 g

Zur Erfassung problematischer Konsummuster werden zudem häufig Screeningverfahren angewandt, wie z. B. der AUDIT-Fragebogen (»Alcohol Use Disorders Identification Test«), der CAGE-Fragebogen (»Cut – Annoyed – Guilty – Eye-opener«), der TWEAK-Fragebogen (»Tolerance Worried Eye-opener Amnesia c/kut«) oder der T-ACE-

Fragebogen (»Tolerance Annoyed Cut down Eye-opener«), der eine modifizierte Fassung des CAGE-Fragebogens darstellt (u. a. Merzenich und Lang 2002) (▶ Tab. 5.3). Nach einem Review von Elliott et al. (2008) zeigten beide letztbenannten Screening-Fragebögen die beste Effektivität bei gleichzeitiger Praktikabilität zur Erfassung des Alkoholkonsums in der Schwangerschaft. Ausgewertet wurden allerdings methodisch schwache Studien (z. B. mit kleinen Fallzahlen).

Auch wenn die Deutsche Hauptstelle für Suchtfragen die Anwendung des T-ACE-Fragebogens in Settings für Schwangere empfiehlt, liegen derzeit keine aussagekräftigen Zahlen über dessen tatsächliche Anwendung und Nutzung in Deutschland vor.

Tab. 5.3: T-ACE-Fragebogen zur Erfassung eines problematischen Alkoholkonsums in der Schwangerschaft (Bundeszentrale für gesundheitliche Aufklärung 2015)

Kriterium	Item	Auswertungsregel
T = tolerance	Wie viele alkoholische Drinks müssen Sie trinken, um eine Wirkung zu verspüren?	0 = 2 oder weniger Drinks 2 = mehr als 2 Drinks
A = felt annoyed	Haben Sie sich jemals geärgert, wenn man Ihren Alkoholkonsum kritisierte?	0 = nein 1 = ja
C = cut down	Hatten Sie jemals das Gefühl, Ihren Alkoholkonsum reduzieren zu müssen?	0 = nein 1 = ja
E = eye opener	Haben Sie jemals morgens Alkohol getrunken, um wach zu werden?	0 = nein 1 = ja

Gesamtauswertung: 2 oder mehr Punkte weisen auf ein Alkoholproblem hin

Zu beachten ist, dass die vorgenannten Screeningverfahren zur Erfassung eines riskanten Alkoholkonsums in der Schwangerschaft nur eingeschränkt geeignet sind, da nach heutigem Kenntnisstand in dieser Zeit jeglicher, das heißt mengenunabhängiger, Alkoholkonsum als riskant – und zwar für das ungeborene Kind – gelten muss. So erfasst z. B. der T-ACE zwar einen aktuellen oder früheren problematischen Alkoholkonsum als Risikofaktor auch bei Schwangeren, jedoch nicht explizit den Aspekt der erforderlichen Punktnüchternheit in der Schwangerschaft. Hier wäre eine ergänzende, letztlich einfache Frage notwendig nach der Häufigkeit des Alkoholkonsums seit Beginn der Schwangerschaft und zwar sowohl vor als auch nach Bekanntwerden der Schwangerschaft.

> **Merke**
> Bei der Anwendung von Screeningverfahren ist bei Schwangeren zu beachten, dass nach jetzigem Kenntnisstand jeglicher Alkoholkonsum den Embryo gefährden kann. Daher muss bei Screenings in der Schwangerschaft auf jeglichen Alkoholkonsum – und nicht nur auf riskantere Konsummuster – geachtet werden.

Von der Kurzintervention bis zur Therapie

Einige im HTA-Bericht erfasste Kurzinterventionen haben sich in randomisierten kontrollierten Studiendesigns (RCT-Studien) als wirksam in Bezug auf verschiedene, aber nicht alle, Outcome-Variablen, wie z. B. Alkoholkonsummenge in der Schwangerschaft, Gestationsdauer, Geburtsgewicht und -kopfumfang, Frühgeburt oder fetale Mortalität erwiesen. Zu diesen Interventionen gehören (Fröschl et al. 2013):

- computerbasierte Kurzinterventionen
- pränatales Drogen- und Alkoholabhängigkeits-Screening und Interventionsprogramm
- mehrmalige Kurzintervention durch nicht-medizinisches Personal in einem niedrigschwelligen Setting
- einmalige Kurzintervention für Schwangere und Partner durch Krankenschwester (oder Studienautor) in einer Frauenklinik
- einmalige Kurzintervention für schwangere Frauen in einer Geburtsklinik

- 10-minütige Schulung mit einem Selbsthilfe-Handbuch inkl. Aufgabenstellung und deren Überprüfung nach zwei Monaten im Kontext einer Frauenklinik

Darauf hinzuweisen ist, dass in den im HTA-Bericht bewerteten Sekundärstudien jedoch überwiegend keine signifikanten Unterschiede zwischen Experimental- und Kontrollgruppen zu finden waren: In den Studien reduzierten sowohl Experimental- als auch Kontrollgruppenteilnehmerinnen zum Teil erheblich den Alkoholkonsum. So untersuchten Stade et al. (2009) vier Studien zu psychologischen und/oder pädagogischen Interventionen bei schwangeren Frauen bzw. Frauen, die eine Schwangerschaft planten, und konnten hier nur bei einer Studie einen signifikanten Effekt finden. Elliot et al. (2008) werteten 13 sekundärpräventive Studien hinsichtlich des Einflusses von Screeningverfahren auf die Reduktion der Alkoholkonsummenge aus, wobei die Interventionen sich stark unterschieden. Sie fanden ebenfalls bei einer Minderzahl der Studien signifikante Interventionseffekte.

Auch innerhalb einer systematischen Literaturrecherche zur Effektivität von psychotherapeutischen Interventionen bei Frauen mit Alkoholproblemen im Kontext der Entwicklung der deutschen S3-Leitlinien »Screening, Diagnose und Behandlung alkoholbezogener Störungen« kommen Vogt et al. (2015) zu dem Ergebnis einer sehr geringen Anzahl randomisiert-kontrollierter Studien zur geschlechtsspezifischen Wirksamkeit von psychotherapeutischen oder psychosozialen Interventionen bei der Behandlung von alkoholbezogenen Störungen. Bezogen auf die Studien zu Interventionen in der Schwangerschaft weisen die Autoren darauf hin, dass zum einen hier nur Schwangere mit einem eher mäßigen oder gelegentlichen Alkoholkonsum aufgenommen wurden, nicht jedoch Frauen mit problematischem Konsum und zum anderen die schwangeren Studienteilnehmerinnen sowohl in der Experimentalgruppe (Kurzinterventionen) als auch in der Kontrollgruppe (Informationsmaterialien, z. T. mit ergänzendem Video) irgendeiner Intervention unterzogen wurden: »Daraus folgt, dass jede Form der Intervention für Gruppen von Schwangeren, die bereits mäßig Alkoholisches trinken, wirksam ist, und dass eine weitere Reduktion des Konsums während der Schwangerschaft der Gesundheit der Frauen und ihrer Kinder zugutekommt. Ob Kurzinterventionen auch bei schwangeren Problemtrinkerinnen wirksam sind, ist weitgehend unerforscht« (Vogt et al. 2015, S. 112).

Seitens der genannten S3-Leitlinie »Screening, Diagnose und Behandlung alkoholbezogener Störungen« werden für schwangere Frauen folgende Schlüsselempfehlungen in der Regel auf Basis klinischer Konsensuspunkte gegeben (Vogt et al. 2016):

- Schwangeren Frauen mit alkoholbezogenen Störungen soll eine Kurzintervention angeboten werden.
- Schwangeren Frauen mit alkoholbezogenen Störungen sollen psychotherapeutische Interventionen angeboten werden.
- Schwangeren Frauen mit alkoholbezogenen Störungen sollen Schadensminderungsmaßnahmen und psychosoziale Interventionen angeboten werden.
- Schwangeren Frauen mit alkoholbezogenen Störungen können Hausbesuche durch Angehörige von Fachberufen im Sozial- und/oder Gesundheitswesen angeboten werden.

> **Merke**
> Nach der aktuellen S3-Leitlinie »Screening, Diagnose und Behandlung alkoholbezogener Störungen« sollen für schwangere Frauen mit alkoholbezogenen Störungen Kurzinterventionen, psychotherapeutische Interventionen und/oder Schadensminderungsmaßnahmen und psychosoziale Interventionen angeboten werden.

Wendet man den sogenannten »Gold Standard« der Interventionsforschung an, d. h. die Forderung nach hochrangigen, randomisiertkontrollierten Studien als Wirksamkeitsnachweis, stellt sich der Kenntnisstand vor allem zur selektiven und indizierten Prävention im Kontext von FASD zusammenfassend als eher ernüchternd dar.

Insbesondere unter Praxis- und Machbarkeitsaspekten sei jedoch auf die intensive Diskussion der Angemessenheit von RCT-Studien im Kontext der Suchtprävention und mögliche Alternativen hingewiesen (z. B. Hoff und Klein 2015).

5.2 Politische und rechtliche Rahmenbedingungen von Präventionsmöglichkeiten zu Alkoholkonsum in der Schwangerschaft

5.2.1 Politische Rahmenbedingungen

Im Rahmen der »EU-Strategie zur Unterstützung der Mitgliedstaaten bei der Verringerung alkoholbedingter Schäden 2006« (Europäische Union 2006) wurde die Notwendigkeit der Prävention des Alkoholkonsums in der Schwangerschaft und der damit verbundenen Möglichkeiten, eine FASD-Erkrankungswahrscheinlichkeit zu reduzieren und mehr Kinder zu schützen, aufgegriffen und seitdem auf europäischer Ebene intensiver verfolgt. Explizit benanntes Ziel war die Verminderung der Alkoholexposition in der Schwangerschaft und damit die Senkung der Zahl der Kinder, die mit alkoholbedingter fötaler Schädigung geboren werden. Die in der damaligen EU-Strategie benannten relevanten Zukunftsziele umfassten u. a. eine verbesserte medizinische Diagnostik, die Analyse von Risikofaktoren, die Schärfung des öffentlichen Bewusstseins über alkoholbedingte Schäden sowie die Entwicklung verbesserter Interventionsmöglichkeiten.

Während 2002 von Merzenich und Lang noch die unzureichenden Bemühungen zur öffentlichen Sensibilisierung und der präventiven Maßnahmen auf kommunaler Ebene bemängelt wurden, fanden im Anschluss an die Formulierung der EU-Strategie auch in Deutschland diverse Weiterentwicklungen in der Diagnostik, Behandlung und Prävention der Fetalen Alkoholspektrumstörungen statt. Diese wurden u. a. auch unterstützt durch Fördermittel des Bundes. Ein wesentlicher Schritt der Verbesserung der (Früh-)Erkennung bestand in der Initiierung der S3-Leitlinienentwicklung zur Diagnostik Fetaler Alkoholsyndrome bzw. Alkoholspektrumstörungen, die von der Drogenbeauftragten der Bundesregierung im Dezember 2010 angestoßen und von der Deutschen Gesellschaft für Kinder- und Jugendmedizin (DGKJ), der Gesellschaft für Sozialpädiatrie und Jugendmedizin (DGSPJ) und der Gesellschaft für Neuropädiatrie übernommen wurde (Drogenbeauftragte der Bundesregierung 2010; Landgraf und Heinen 2013, 2016a, 2016b). Auch die Dissemination der Leitlinienergebnisse unter diagnostizierenden Pädiatern sowie anderen relevanten Berufsgruppen wurde hier nachhaltig unterstützt. Dies geschah u. a. durch die Versendung des Leitlinien-Buches, sowie der Kurzform der Leitlinie in Form des FASD-Pocketguides an alle Kinderkliniken, kinder- und jugendpsychiatrischen Kliniken, sozialpädiatrischen Zentren, niedergelassenen Neuropädiater, ambulanten und stationären Drogenberatungsstellen, Jugendämter und relevanten Fachgesellschaften und Berufsverbände in Deutschland (Drogenbeauftragte der Bundesregierung 2017: Drogen- und Suchtbericht).

Zu den in Deutschland durchgeführten Fördermaßnahmen, die speziell für eine universelle, selektive und indizierte FASD-Prävention relevant sind, gehören zudem die beiden Förderlinien des Bundesministeriums für Gesundheit »Neue Präventionsansätze zur Vermeidung und Reduzierung von Suchtmittelkonsum in Schwangerschaft und Stillzeit« (2011–2012) sowie »Verbreitung bewährter Präventionsansätze zur Vermeidung und Reduzierung von Suchtmittelkonsum in Schwangerschaft und Stillzeit« (2012–2014) mit begleitender externer Evaluation (Schaefer et al. 2014). Hier wurden zunächst sieben Projekte in einer einjährigen Pilotphase gefördert, von denen drei Projekte in der zweiten Förderphase fortgeführt wurden. Ebenfalls vom Bundesministerium für Gesundheit gefördert wurde die Entwicklung und Evaluation einer Online-

Intervention für alkohol- und/oder tabakkonsumierende Schwangere (▶ Kap. 5.8).

> **Transfer**
> Infolge der »EU-Strategie zur Unterstützung der Mitgliedsstaaten alkoholbedingter Schäden 2006« wurden auch in Deutschland wichtige Entwicklungen in der Prävention und Diagnostik der Fetalen Alkoholspektrumstörungen angestoßen und implementiert. Für eine hinreichende Nachhaltigkeit wird wesentlich sein, diese Ergebnisse dauerhaft in der Regelversorgung zu implementieren und auch zu finanzieren.

Die politisch und dann auch finanziell unterstützten Verbesserungen der FASD-Prävention in Deutschland – ob aus nationalem oder europäischem Interesse heraus entstanden – haben also zu einer Weiterentwicklung von Präventionsmodellen und -projekten beigetragen. Einschränkend muss man festhalten, dass gerade innerhalb der häufig unterfinanzierten Prävention die Nachhaltigkeit von Fördervorhaben in der Gesundheitsförderung nicht gewährleistet ist. Hier bedarf es in der Regel nach Projektende mindestens einer finanziellen Absicherung durch Anschlussförderungen (z. B. durch Bund, Land, Stiftungen), durch die Übernahme in die Regelfinanzierung oder die Schaffung neuer Regelfinanzierungsbedingungen. Beispielhaft sei ein zentrales Ergebnis aus den benannten Förderlinien zitiert: »Als wesentliches Ergebnis des einjährigen Förderzeitraums kann zusammenfassend konstatiert werden, dass sich die von der Mehrheit der sieben geförderten Modellvorhaben verfolgte Einbindung suchtmittelkonsumierender schwangerer und stillender Frauen in Angebote der Suchthilfe nicht bewährt hat. Die integrierten Beratungsangebote in der Schwangerenberatung bzw. durch Familienhebammen haben sich als besser geeignet erwiesen, um die Zielgruppe zu erreichen« (Schaefer et al. 2014, S. 50). Diese in die Schwangerschaftsberatung integrierten Angebote im Einzel- oder auch Gruppensetting sind zum derzeitigen Zeitpunkt aber nicht in

5.2 Politische und rechtliche Rahmenbedingungen

den Regelfinanzierungen der Schwangerschaftsberatung abgebildet oder abgedeckt. Eine Regelfinanzierung würde auch bedeuten, dass der Leistungskatalog entsprechender Stellen standardisiert um die Prävention des Alkohol- bzw. allgemein Substanzkonsums vor, während und nach der Schwangerschaft erweitert würde. Dies ist aus heutiger Sicht unbedingt anzuraten.

Unter die politischen Rahmenbedingungen können auch die Forderungen nach einer höheren Besteuerung von Alkohol als wirksame verhältnispräventive Maßnahme nicht nur allgemeiner, sondern auch FASD-spezifischer Natur gefasst werden. So fordert u. a. die Bundespsychotherapeutenkammer (2016) – neben Werbeverboten und der Einschränkung der Verfügbarkeit von Alkohol – die Verteuerung von Alkohol mittels Steuern als wirksame Maßnahme zur Reduktion des Alkoholkonsums in der Allgemeinbevölkerung. Die gesetzliche Einschränkung der Verfügbarkeit von Alkohol gilt ebenfalls als wirksame verhältnispräventive Maßnahme zur Reduktion des Alkohols in der Allgemeinbevölkerung (z. B. Barbor et al. 2010). Ein Verbot des Alkoholverkaufs hat sich auch als wirksam zur Reduktion des Alkoholkonsums bei Schwangeren erwiesen; dies allerdings in einer älteren Studie aus Alaska unter stark kontrollierbaren Bedingungen in einem ländlichen Raum mit einer relativ abgeschlossenen Population (Bowerman 1997). Diese Studie ist letztlich nicht auf Deutschland und vergleichbare Länder übertragbar und sei eher der Vollständigkeit halber für politisch-rechtliche Rahmenbedingungen benannt, die unter besonderen Bedingungen eine präventive Wirksamkeit entfalten können. Auf die nur politisch flächendeckend durchzusetzenden Warnhinweise auf alkoholhaltigen Produkten als eine Maßnahme zur Sensibilisierung der Allgemeinbevölkerung sowie der Zielgruppe der gebärfähigen und schwangeren Frauen wird in Kapitel 5.3 weiter eingegangen. Fröschl et al. (2013) weisen darauf hin, dass es bisher keinen Nachweis dafür gibt, dass sich wirksame verhältnispräventive Maßnahmen zur Reduktion des Alkoholkonsums in der Allgemeinbevölkerung auch tatsächlich reduzierend auf die Inzidenz Fetaler Alkoholspektrumstörungen auswirken.

> **Merke**
> Wirksame verhältnispräventive Maßnahmen zur Reduktion des Alkoholkonsums in der Allgemeinbevölkerung sind u. a. die Verteuerung alkoholhaltiger Getränke durch eine höhere Besteuerung oder die gesetzliche Einschränkung der Verfügbarkeit. Derzeit liegen aber keine hinreichenden empirischen Nachweise vor, dass diese Maßnahmen sich auch auf den Alkoholkonsum in der Schwangerschaft bzw. auf die Inzidenz Fetaler Alkoholspektrumstörungen reduzierend auswirken.

In der »International charter on prevention of fetal alcohol spectrum disorder« (Jonsson et al. 2014), die 2013 von mehr als 700 Personen aus 23 Ländern auch unter Einbeziehung politischer Vertreter (neben Fachkräften, Dienstleistern, Eltern, indigenen Bevölkerungsgruppen) auf einer Konferenz in Kanada erstellt wurde, werden die Regierungen zur Aufklärung über die Risiken des Alkoholkonsums während der Schwangerschaft sowie zur Sensibilisierung für das Krankheitsbild der Fetalen Alkoholspektrumstörungen aufgefordert: »Governments must promote a consistent, evidence-based message about prevention by supporting the development and circulation of public health information that is clear and consistent: to abstain from alcohol use during pregnancy is the only certain way to prevent fetal alcohol spectrum disorder. This information must be widely available in every country, responsive to local contexts, and designed to allow access to supportive services for pregnant women. In addition, policies related to the social determinants of health should explicitly address fetal alcohol spectrum disorder; its implications for the individual, family, and society; and how it can be prevented. [...] Prevention of fetal alcohol spectrum disorder should be given a larger role in the development of alcohol policies.« (Jonsson et al. 2014, S. 136). Zu den geforderten Maßnahmen gehören die folgenden:

5.2 Politische und rechtliche Rahmenbedingungen

- Aufklärung über die Risiken von Alkoholkonsum in der Schwangerschaft
- Verfügbarkeit von guten, bezahlbaren Kontrazeptiva
- Unterstützung im Umgang mit Alkoholabhängigkeit und Abstinenz während der Schwangerschaft
- Bereitstellung rechtzeitiger, einfühlsamer und kompetenter pränataler Betreuung
- Koordination von Forschungsbefunden zur Inzidenz und Prävalenz innerhalb und zwischen Ländern als Basis, aber auch Vergleichswert von gezielteren FASD-Präventionsprogrammen
- Identifizierung spezifischerer Risikogruppen auf Basis notwendiger Grundlagenforschung, auch um daraus gezieltere Präventionsmöglichkeiten erarbeiten zu können
- Ergebnisse aus kontrollierten Präventionsstudien zur Verringerung der Inzidenz und Prävalenz Fetaler Alkoholspektrumstörungen
- Informationsmaterial, auch in Regionalsprachen und unter Beachtung lokaler kultureller Besonderheiten, die möglichst weit verbreitet werden, insbesondere aber in Schulen, Kliniken und Gesundheitszentren für Mütter und Kinder

Zukünftige Bemühungen zur nachhaltigen FASD-Prävention bedürfen anhaltender und weitergehender nationaler und internationaler politischer Unterstützung.

5.2.2 Rechtliche Rahmenbedingungen

Auch wenn Schwangere gesetzlich das Recht auf eine Beratung u. a. zu den Themen Ernährung, Mundgesundheit, Arbeit, Sport, aber auch Alkohol- und Tabakkonsum im Rahmen der ärztlichen Betreuung während der Schwangerschaft haben, sind damit gleichzeitig noch keine Pflichten verbunden. Auch bei ärztlicher Feststellung eines für den Embryo/Fötus schädlichen Alkoholkonsums der werdenden Mutter und zugehöriger Aufklärung über dessen Folgen bestehen derzeit keine rechtlichen Grundlagen zu einer verpflichtenden oder durch Zwang durchzusetzenden Verhaltensänderung der Schwangeren, auch wenn das Problemverhalten bekannt ist. Ohne auf eine ausführliche juristische Diskussion einzugehen, treffen hier letztlich der Schutz des ungeborenen Kindes vor fahrlässiger Schädigung und die Rechte der Frau auf Selbstbestimmung aufeinander: »Das Strafrecht geht von der höheren Schutzwürdigkeit des geborenen Lebens im Verhältnis zum ungeborenen aus und legt dem werdenden Leben einen abgestuften Rechtsschutz zugrunde, der von Interessenabwägungen zwischen Lebensrecht des Fötus und Selbstbestimmungsrecht der Frau getragen ist« (Unger 2003, S. 73). Alkoholkonsum während der Schwangerschaft stellt u. a. aufgrund der Freiheits- und Persönlichkeitsrechte der Frau keinen Strafbestand dar, unabhängig davon ob eine mögliche Schädigung des Fötus unabsichtlich, aus fehlendem Wissen, mit bestehendem Wissen oder absichtlich erfolgt. Möglichkeiten und Grenzen einer Veränderung der rechtlichen Grundlagen werden u. a. bei Czerner (2010) diskutiert. Aus Sicht psychosozialer Interventionen könnte jedoch eine Androhung rechtlicher Maßnahmen zur Unterbindung des Alkoholkonsums in der Schwangerschaft bzw. zur verpflichtenden Inanspruchnahme von Hilfen in dieser Lebenssituation zu einer noch höheren Quote von Frauen führen, die einen Alkoholkonsum in der Schwangerschaft verschweigen. Damit wäre letztlich einer verbesserten Diagnostik und frühzeitigen Versorgung sowohl der Mutter als auch des Kind nicht gedient.

Das seit 2015 vorliegende »Gesetz zur Stärkung der Gesundheitsförderung und der Prävention (Präventionsgesetz PrävG)« (Bundestag 2015) hebt zwar u. a. die Ziele des gesunden Aufwachsens und der Reduktion des Alkoholkonsums als wichtige zu berücksichtigende Ziele der Gesundheitsförderung und Prävention durch den Spitzenverband Bund der Krankenkassen hervor. Jedoch lassen sich aus dem bestehenden Gesetz keine spezifischen Implikationen für eine verbesserte Prävention der Fetalen Alkoholspektrumstörungen bzw. der alkoholexponierten Schwangerschaften ableiten.

5.3 Aufklärung und Sensibilisierung zu Alkoholkonsum in der Schwangerschaft und den Folgen für das ungeborene Kind

5.3.1 Allgemeine Aufklärung und Sensibilisierung in der Bevölkerung

Zur universellen bzw. primären Prävention des Alkoholkonsums in der Schwangerschaft und in der Folge der Inzidenz der Fetalen Alkoholspektrumstörungen gehören Maßnahmen, die in der Allgemeinbevölkerung zu einem verstärkten Bewusstsein und einer höheren Sensibilisierung gegenüber den Risiken des Alkoholkonsums sowie der kindlichen Schädigung durch Alkohol führen sollen. Im Wesentlichen fallen hierunter massenmediale Kampagnen, Informationen durch Faltblätter/Broschüren sowie Warnhinweise auf alkoholhaltigen Getränken (Merzenich und Lang 2002). Eine deutlich höhere Aufklärungsrate unter der deutschen Bevölkerung zu den Folgen des Alkoholkonsums in der Schwangerschaft ist nach wie vor anzustreben: Zwar stimmten 85 % einer repräsentativen Zufallsstichprobe in Deutschland ab 14 Jahren der Aussage zu, dass Alkohol in der Schwangerschaft generell problematisch sei (unter Frauen: 90 %). Gleichzeitig stimmten nur 56 % der Aussage zu, dass Alkohol im schlimmsten Falle zu schweren lebenslangen Behinderungen beim Kind führen kann (unter Frauen: 55 %) und nur 44 %, dass Entwicklungsverzögerungen beim Kind resultieren können (unter Frauen: 41 %). 2 % gaben an, dass Alkohol für das Kind unangenehme, aber keine bleibenden Folgen habe, weitere 2 % enthielten sich einer Festlegung (TNS Infratest 2014). Es zeigt sich also eine eher unspezifische Sensibilität, dass Alkohol in der Schwangerschaft dem ungeborenen Kind irgendwie schaden könnte – die Gefahr der Entstehung einer Fetalen Alkoholspektrumstörung wird aber offensichtlich deutlich unterschätzt.

> **Merke**
> In der deutschen Bevölkerung ist zwar meist bekannt, dass Alkoholkonsum in der Schwangerschaft problematisch ist; dessen Auswirkungen auf das ungeborene Kind mit der Konsequenz einer möglichen lebenslangen Behinderung in Form einer Fetalen Alkoholspektrumstörung werden jedoch unterschätzt.

5.3.2 Wirkung und Probleme massenmedialer Aufklärungskampagnen

Problematisch an massenmedialen Aufklärungsmaßnahmen ist – und dies gilt nicht nur für die Thematik des Alkoholkonsums in der Schwangerschaft –, dass erstens die spezifische Wirkung der einzelnen Maßnahmen in einem Umfeld vieler anderer Präventionsaktivitäten und -regulierungen (sogenannter »policy mix«) empirisch nicht sauber ermittelt werden kann, also deren tatsächlicher einzelner präventiver Effekt nur schwer zu ermitteln ist und zweitens in der Regel reine Informationen und Aufklärungen nicht ausreichen, um Verhaltensänderungen hinreichend auszulösen und zu stabilisieren. Hinzu kommt, dass massenmedial verbreitete Gesundheitsbotschaften gerade bzgl. des Alkoholkonsums immer auch in Konkurrenz zu einer hohen Anzahl und Verbreitung von Werbebotschaften der Alkoholindustrie stehen, also in ihrer Wahrnehmung und Wirkung davon überdeckt werden können (z. B. Deutsche Hauptstelle für Suchtfragen e.V. 2008). Regionale Aufklärungskampagnen, gerichtet an die Allgemeinbevölkerung – allerdings bei insgesamt wenigen Studien – haben sich als nicht hinreichend einflussnehmend auf das Ausmaß des Alkoholkonsums in der Schwangerschaft gezeigt (Elliot et al. 2008).

Bezüglich der inhaltlichen Gestaltung von aufklärenden, massenmedialen Botschaften zu den Gefahren des Alkoholkonsums in der Schwangerschaft haben France et al. (2014) verschiedene Varianten untersucht: Frauen im gebärfähigen Alter (n = 354) und Schwangeren (n = 116) wurde in vier Studienuntergruppen unterschiedliche Aufklärungsbotschaften über den schädigenden Alkoholkonsum in der Schwangerschaft in einem PC-basierten Fragebogen präsentiert: a) bedrohliche Botschaften mit Furchtappellen, b) positive Botschaften zur Stärken der Selbstwirksamkeit, c) Botschaften mit Kombination der beiden Vorbenannten und d) gar keine Botschaften für Frauen in der Kontrollgruppe. Auch wenn alle Experimentalbedingungen zu einer erhöhten Absicht führten, in einer zukünftigen Schwangerschaft auf Alkohol zu verzichten, zeigten die Botschaften mit furchterzeugenden Inhalten (a und c) zudem einen höheren Einfluss im Vergleich zur Kontrollgruppe auf die Zuversicht, den Alkoholkonsum während einer Schwangerschaft zu reduzieren, sowie auf die verbesserte Erinnerung an die Inhalte. Von dieserart Selbstauskünften im direkten Anschluss an die Konfrontation mit persuasiven Inhalten kann jedoch nicht abgeleitet werden, dass zu einem späteren Zeitpunkt tatsächlich ein entsprechendes Verhalten gezeigt wird.

Spezifischere Broschüren in der gezielten Ansprache von Schwangeren werden in Deutschland z. B. seitens der Bundeszentrale für gesundheitliche Aufklärung (BzgA) vorgehalten, die insbesondere Schwangere und ihre Angehörigen bzgl. der Gefahren des Alkoholkonsums in der Schwangerschaft informieren (»Andere Umstände – neue Verantwortung«, Informationen und Tipps zum Alkoholverzicht während der Schwangerschaft und Stillzeit). Ebenfalls liegen Materialien für Gynäkologen und Hebammen vor, die diese in der Beratung von Schwangeren unterstützen sollen (»Bewusst verzichten: Alkoholfrei in der Schwangerschaft – Praxismodule für die Beratung von Schwangeren«, Beratungsmanual für die Schwangerschaft und Stillzeit zum Thema Alkohol). Im Weiteren wird in verschiedenen BzgA-Broschüren, die sich nicht explizit an Schwangere richten, ebenfalls über mögliche Folgen des Alkoholkonsums in der Schwangerschaft informiert. Eine publizierte Studie zur Wirksamkeit dieser Broschüren liegt bisher nicht vor. Untersuchungen zur Wirksamkeit von Informationsmaterial zeigen aber, dass solche Maßnahmen zu einer Bewusstseinsveränderung der angesprochenen Zielgruppen beitragen können (Dufour et al. 1994). Jedoch ist dabei die generelle Erkenntnis zu beachten, dass eine reine Informationsvermittlung ohne weitergehende, z. B. psychosoziale Beratung oder konkrete und unterstützende Hinweise zu Verhaltensänderungen, zu keiner oder nur einer unbedeutenden und nicht stabilen Verhaltensänderung führt (z. B. Waterson und Murray-Lyon 1990).

> **Merke**
> Informationsbroschüren zum Alkohol- bzw. Tabakkonsum für Schwangere und Beratungsmanuale für Berufsgruppen wie Gynäkologen oder Hebammen werden in Deutschland u. a. von der Bundeszentrale für gesundheitliche Aufklärung (BzgA, www.bzga.de) vorgehalten. Zu den Materialien liegen allerdings keine Evaluationsstudien vor. Zu beachten ist, dass eine reine Informationsvermittlung ohne weitergehendes Gespräch (auch als ein- oder mehrmalige Kurzinterventionen) häufig nicht zu einer stabilen Verhaltensänderung führt.

5.3.3 Warnhinweise

Vielfach diskutiert wird die Wirkung von Warnhinweisen/Piktogrammen auf alkoholhaltigen Getränkeflaschen (z. B. Farke und Wiesgen-Pick 2011), die Schwangere direkt ansprechen. Während auf der einen Seite mit einer erhöhten Sensibilisierung und einem besseren Risikobewusstsein der schwangeren Frauen auf Informationen, die ihr ungeborenes Kind betreffen könnten, argumentiert wird, führt die andere Seite Gewöhnungseffekte und unzureichende Studiennachweise einer solchen Wirkung auf das Konsumverhalten von Schwangeren an. Studien zeigen auf, dass Konsumenten mit nicht riskantem Trinkverhalten eher ihren Alkoholkonsum reduzieren, wenn sie mit Warnhinweisen konfrontiert sind, Konsumenten von hohen bzw. riskanten Mengen hingegen wenig darauf reagieren

(Hankin 1994). Gleiches gilt für generelle Maßnahmen der Gesundheitsaufklärung (Waterson und Murray-Lyon 1990).
Bisher hat sich hierzu in Deutschland keine gesetzliche Regelung treffen lassen. In Europa besteht eine hohe Zustimmung zu vergleichbaren Warnhinweisen und Anzeigen, die Schwangere (und auch Autofahrer) vor den Risiken des Alkoholkonsums warnen sollten: Nach einer Untersuchung des Eurobarometer 2010 stimmten 77 % der befragten Europäer sowie 63 % der Deutschen Warnhinweisen auf Flaschen, sowie 83 bzw. 76 % Warnungen in Alkoholwerbungen zu.

Viele Unternehmen der Alkoholindustrie gelten jedoch als eher weniger motiviert, hinreichend wahrzunehmende Warnhinweise und/oder weitere Informationen auf eigene Initiative und ohne gesetzliche Verpflichtung auf betreffenden Getränkeflaschen anzubringen. Farke (2011) zitiert eine Studie des englischen National Health Department, nach der lediglich 2,4 % untersuchter alkoholischer Produkte (N = 458) Warnhinweise in adäquater Form aufwiesen, nachdem eine Vereinbarung der britischen Regierung mit der dortigen Alkoholindustrie in 2007 getroffen wurde, alkoholische Getränke freiwillig entsprechend zu kennzeichnen; »weitere vereinbarte Hinweise, wie z. B. zu Alkohol und Schwangerschaft, wurden entweder in einem äußerst kleinen Format oder gar nicht auf den Produkten platziert« (ebd., S. 119). Nicht nur die gesetzliche Verpflichtung zu Warnhinweisen und Piktogrammen wird daher gefordert, sondern auch die eindeutige Reglementierung von Mindestgröße und Platzierung, sodass entsprechende Informationen überhaupt wahrgenommen werden und so zu einer Sensibilisierung beitragen können.

Merke

Sollten Warnhinweise/Piktogramme auf alkoholhaltigen Getränken zu den Gefahren des Alkoholkonsums in der Schwangerschaft gesetzlich vorgeschrieben werden, so bedarf es dann auch der eindeutigen Regelung von Mindestgröße und Platzierung, damit hinreichend wahrnehmbare Informationen gewährleistet sind.

Für Aufklärungs- und Sensibilisierungsmaßnahmen wie den Genannten erhöht sich die Wirksamkeit, wenn sie in umfangreichere Informationskampagnen oder Interventionsmodelle eingebunden sind. Chersich et al. (2012) konnten für zwei kleinstädtische, soziostrukturell benachteiligte Regionen in Südafrika zeigen, dass eine umfassendere Präventionskampagne zu einer signifikanten Reduktion der diagnostizierten Fälle Fetaler Alkoholspektrumstörungen führte. Nach einer Baseline-Erhebung zur Prävalenz der FASD zum mütterlichen Wissen über die Gefahren des Alkoholkonsums in der Schwangerschaft sowie zum Trinkverhalten entwickelten gemeindebezogene Gesundheitsfachkräfte (»Community health workers«) verschiedene öffentlichkeitswirksame Kampagnen: Darunter waren Presse- und Radioberichte zu Fetalen Alkoholspektrumstörungen und der präventiven Verantwortung der Kommunen wie auch der Eltern, Informationsmaterialen und Poster, die in Geburts- und Kinderkliniken, aber auch Geschäften, Restaurants, öffentlichen Gebäuden sowie Gefängnissen verteilt wurden. Die Gemeindefachkräfte boten sogenannte »Gesundheitsgespräche« in Kinderkliniken, Familienzentren, Kirchen und Gemeindetreffen an, bei denen auch FASD-spezifische Präventionsinhalte einbezogen wurden. Im Weiteren wurden Multiplikatorenworkshops mit Fachkräften der Gesundheits- und Sozialämter sowie der Sozialen Arbeit durchgeführt; Schwangere mit einem höheren Risiko, ein Kind mit einer Fetalen Alkoholspektrumsstörung zu gebären, wurden in bestehende Interventionsprogramme der Gemeinden verwiesen. Insgesamt zeigten sich eine hohe Wahrnehmung und Akzeptanz der Kampagnen sowie auch eine signifikante Verbesserung des gesundheitsbezogenen Wissens seitens schwangerer Frauen und Mütter. Die vor dem Präventionsmodell bei 8,9 % liegende Prävalenz Fetaler Alkoholspektrumstörungen sank in der Nacherhebung (9. und 18. Monat nach Geburt) auf 5,7 %. Allerdings zeigten sich weder Veränderungen in der diagnostizierten Häufigkeit schwererer FASD-Formen noch im selbstberichteten Alkoholkonsum während der Schwangerschaft. Die Kausalitätsketten einer solchen universellen Präventionskampagne unter Einbeziehung intensivierter Interventionen für Risikoschwangere sind schwierig zu erfassen: So bleibt unklar, auf welche Aspekte letztlich die geringere Prävalenz Fetaler Alkoholspektrumstörungen zurückzuführen ist und wie sie sich erklärt angesichts der nicht signifikant veränderten Konsumhöhen. Selbstauskünfte von Schwangeren bzgl. ihres Alkoholkonsums zeigen sich aber insgesamt auch häufig verzerrt und unterhalb der real zu erwartenden Konsumausmaße (z. B. Daniel et al. 2010, Siedentopf und Nagel 2006).

5.4 Präventionsansätze in der Schule

Im schulischen Setting, das als wichtiges Feld der universellen Prävention gesehen wird, gelten folgende Elemente als generell wirksam, zunächst unabhängig von der FASD-Prävention (Bühler und Thrul 2013):

- alkoholspezifische verhaltensbezogene Interventionen
- Lebenskompetenzprogramme
- Verhaltenssteuerungsprogramme
- Maßnahmen nach dem Ansatz der sozialen Einflussnahme
- Maßnahmen, die auf das System Schule abzielen (z. B. Verbesserung des Schulklimas)

In der Grünen Liste Prävention (www.grüne-liste-prävention.de) werden Präventionsangebote hinsichtlich ihres Wirksamkeitsnachweises bewertet und vorgestellt. Dies geschieht entlang folgender Effektivitätsabstufungen: »theoretisch gut begründet«, »Effektivität wahrscheinlich«, »Effektivität nachgewiesen«.

Im Hinblick auf FASD ist besonders problematisch, dass in schulischen Suchtpräventionsprogrammen die Thematik kaum strukturiert Beachtung findet. In der Internationalen Charta zur Prävention der Fetalen Alkoholspektrumstörungen (Jonsson et al. 2014) wird die generelle Information zu FASD unter Einbezug adäquater Aufklärungsmaterialien in der Schule für beide Geschlechter als wichtige Präventionsmöglichkeit benannt. Gerade in Schulen und insbesondere in höheren Klassenstufen erreicht man auch frühzeitig die unterschiedlichen Risikogruppen für Alkoholkonsum in späteren Schwangerschaften, wie sie in Kapitel 1.2 beschrieben sind. Neben einer allgemeinen Information über Fetale Alkoholspektrumstörungen bedarf es allerdings weitergehender Elemente für eine nachhaltigere, auch potenziell verhaltensrelevante Präventionsarbeit. Relevante Ziele einer schulbasierten FASD-Prävention sollten einerseits die Information und Sensibilisierung bezüglich der Folgen von Alkohol und anderen Substanzen in der Schwangerschaft sein, andererseits eine bereits frühzeitige Motivierung und Kompetenzstärkung, in späteren Schwangerschaften auf Alkohol und andere Substanzen zu verzichten bzw. schwangere Freundinnen/Partnerinnen darin zu unterstützen. Dies sollte zukünftig bei der Entwicklung und Implementierung von Suchtpräventionsangeboten stärker berücksichtigt werden.

Derzeit zu findende Angebote sind:

- schulische Aufklärungs- und Informationsveranstaltungen, zum Teil unter Einbeziehung einer FASD-Puppe
  – Projektbeispiel »Schwanger? Dein Kind trinkt mit!« (Ärztlichen Gesellschaft für Gesundheitsförderung e.V. – ÄGGF): In diesem Projekt werden bis 2018, u. a. mit Förderung des Bundesministeriums für Gesundheit, voraussichtlich 1200 schulische Veranstaltungen zu FASD durchgeführt. Ergebnisse einer Evaluationsstudie mit einem cluster-randomisierten Wartekontrollgruppendesign zu Akzeptanz und Effekten dieses Angebots auf Wissen, Einstellungen, Verhaltensintentionen und wahrgenommene Relevanz des Themas FASD stehen derzeit noch aus (Nord 2018).
- Medienpakete zur Nutzung im Unterricht
  – Projektbeispiel »Blau im Bauch« (WIGWAM Zero, Berlin, in Kooperation mit der Fachstelle für Suchtprävention im Land Berlin): Das Medienpaket enthält einen Zeichentrickfilm und einem Leitfaden für Multiplikatoren als Begleitheft, in dem über jugendliches Konsumverhalten, Teenagerschwangerschaften

und FASD informiert wird, sowie Methoden zur Themenerarbeitung vorgestellt werden (Reflexion des eigenen Konsumverhaltens sowie des Verhaltens in Jugendlichengruppen über Kleingruppendiskussionen, Rollenspiele oder Wissensquiz): »Das Medienpaket kann im Biologie- und Ethikunterricht, in sexualpädagogischen Veranstaltungen, aber auch in Veranstaltungen, die allgemein das Thema Alkohol und Schwangerschaft zum Schwerpunkt haben angewandt werden« (http://www.wigwamzero.de/blauimbauch/).

- Ausstellungen mit zusätzlichen FASD-Informationen
  - Projektbeispiel »ZERO!«: Ausstellung mit einer begehbaren Gebärmutter (www.fasd-netz.de).

Im Rahmen eines Studienprojekts an der Fachhochschule Münster wurde ein modulares schulisches Präventionsangebot mit insgesamt 21 didaktischen Bausteinen zur allgemeinen Information, Sensibilisierung und Auseinandersetzung mit Alkoholkonsum in der Schwangerschaft und Basisinformationen zu Fetalen Alkoholspektrumstörungen entwickelt (Welsch et al. 2013). Insgesamt wurden 52 Schulen aller Schulformen mit insgesamt 1010 teilnehmenden Schülern besucht. Der zeitliche Umfang der Projekteinheit betrug zwei Unterrichtsstunden, wobei durch eine Selektion aus den 21 didaktischen Bausteinen je nach Schulform unterschiedliche Vorgehensweisen gewählt wurden. Über einen Wissensfragebogen wurde vor, im Anschluss an und vier Wochen nach der Projekteinheit das erworbene Wissen der Schüler überprüft. Das Ergebnis war ein anhaltender Wissenserwerb bis auf wenige Ausnahmen unter den Befragten. Insgesamt scheint ein solches Vorgehen zwar didaktisch ansprechend; es stellen sich aber Herausforderungen sowohl in der Evaluierbarkeit eines nachhaltigen Effekts des Wissenserwerbs bei späteren Schwangerschaften der so geschulten Teilnehmer als auch in der Qualitätssicherung.

Eine Evidenzbasierung aller vorgenannten Angebote ist zwar hinsichtlich der theoretischen Annahmen teilweise zu vermuten, jedoch liegen bisher keine umfassenden Evaluationsergebnisse zu solchen

FASD-spezifischen schulischen Angeboten vor. Zu beachten bleibt bei zukünftigen Entwicklungen, dass in der allgemeinen Suchtprävention schulische Informationsangebote ohne ergänzende Maßnahmen (z. B. in Form von interaktiven Angeboten oder Lebenskompetenzförderung) als nicht wirksam gelten (Bühler und Thrul 2013). Für die Weiterentwicklung der FASD-Prävention sind zukünftig auch Settings der Ausbildung junger Erwachsener (Berufsschulen, Hochschulen, betriebliche Ausbildungsstätten etc.) zu berücksichtigen, die bisher stark vernachlässigt wurden, obwohl sie einen guten Zugang zu jungen Erwachsenen mit ggf. kurz- oder mittelfristigem Schwangerschaftswunsch bei gleichzeitig hohen Substanzkonsumraten gewährleisten.

> **Merke**
> Im schulischen Setting können besonders gut und einfach aktuelle und spätere Zielgruppen potentiell alkoholexponierter Schwangerschaften erreicht werden. In vielen schulischen Suchtpräventionsprogrammen werden die Gefahren des Alkoholkonsums in der Schwangerschaft jedoch nicht standardisiert thematisiert. Auch werden Berufs-, Hochschulen und betriebliche Ausbildungsstätten noch zu wenig für eine FASD-präventive Ansprache junger Erwachsener genutzt.
>
> Rein informative Präventionsmaßnahmen in der Schule sind nach derzeitigem Stand nicht wirksam; notwendig sind hier u. a. interaktive Angebote oder Lebenskompetenzansätze. Dies gilt es auch bei FASD-spezifischen Präventionsangeboten in der Schule zu beachten.

5.5 Prävention in der gynäkologischen Praxis

5.5.1 Möglichkeiten der FASD-Prävention in der gynäkologischen Praxis

Immer wieder wird aus Projekten und Praxiserfahrungen berichtet, dass sich eine Intensivierung der FASD-Prävention in der Zusammenarbeit mit gynäkologischen Praxen eher schwierig gestaltet (z. B. Scherbaum et al. 2012, Schaefer et al. 2014, Stiegler et al. 2016b). Dabei ergeben sich innerhalb der gynäkologischen Praxis mehrere mögliche Wege der Präventionspraxis, die im folgenden Kasten aufgeführt sind.

> **Merke**
> Möglichkeiten der Prävention des Alkoholkonsums in der Schwangerschaft in der gynäkologischen Praxis:
>
> - eine frühzeitige und kontinuierliche Aufklärung und Sensibilisierung junger Mädchen zu den Gefahren des Substanzkonsums in der Schwangerschaft, z. B. im Kontext der sogenannten »Mädchensprechstunde«
> - eine routinemäßige Ansprache und Information von schwangeren Frauen hinsichtlich der Gefahren eines Alkoholkonsums in der Schwangerschaft
> - die Möglichkeiten der weitergehenden Motivierung und Beratung von Frauen, die trotz aktueller Schwangerschaft Alkohol konsumieren; diese sind hier als indizierte Risikogruppe besonders in den Blick zu nehmen

Die routinemäßige Erfassung des Alkoholkonsums in der Schwangerschaft gehört in Deutschland zum Standard in der Schwangerschaftsvoruntersuchung – soweit die Vorgaben denn auch in der Praxis umgesetzt werden. Durch die Überarbeitung des Mutterpasses

(Drogenbeauftragte der Bundesregierung 2011) wird dort ausdrücklich nach den Suchtmitteln Alkohol, Tabak und andere Drogen gefragt; damit sollen Gynäkologen zu Schwangerschaftsbeginn nach u. a. Alkohol fragen und über Risiken des Alkoholkonsums in der Schwangerschaft aufklären.

5.5.2 Kurzinterventionen im medizinisch-ambulanten Setting

Unter anderem seitens der Bundeszentrale für gesundheitliche Aufklärung sind sowohl Informationsbroschüren zu Alkohol- und Tabakkonsum in der Schwangerschaft für Frauen (und Männer) als auch Informations- und Schulungsmaterial speziell für Gynäkologen und Hebammen (Bundeszentrale für gesundheitliche Aufklärung 2015) verfügbar (▶ Kap. 5.3).

Wie bereits beschrieben, sind Kurzinterventionen vor allem bei Schwangeren mit nur mäßigem oder gelegentlichem Alkoholkonsum in medizinischen ambulanten Settings wirksam. Werden Partner bzw. werdende Väter in substanzbezogene Kurzinterventionen in pränatalen Vorsorgeuntersuchungen einbezogen, so zeigen sich noch stärkere Verbesserungen im Konsumverhalten während der Schwangerschaft. In einer Studie von Chang et al. (2005) wurden neben den gescreenten Schwangeren auch deren Partner in einem getrennten Setting einem alkoholbezogenen Screening unterzogen sowie Fragen zum Konsum der Partnerin und Wissensfragen zu Gesundheitsverhalten in der Schwangerschaft gestellt. In einer einmalig stattfindenden, durchschnittlich 25-minütigen Kurzintervention, die dann mit dem Paar zusammen durchgeführt wurde, wurden alkoholbezogene Informationen sowie Rückmeldungen zu den Screeningergebnissen gegeben, eine Zielvereinbarung zum Konsum getroffen sowie Verhaltensänderungen besprochen. In den nach der Geburt stattfindenden Follow-up-Erhebungen zeigte sich eine generelle Reduktion des Alkoholkonsums sowohl bei der Kontroll- als auch der Experimentalgruppe, verstärkt jedoch bei Frauen, deren Partner an einer gemeinsamen Kurzintervention teilnahmen. Die Einbeziehung von

Partnern in solche alkoholbezogenen Kurzinterventionen stellt sich ggf. im Praxisalltag der Gynäkologie als zu aufwendig dar; gleichzeitig erreicht man aber gerade hier auch Partner, die eine partnerschaftliche Unterstützung auch in der Beendigung des Konsums während der Schwangerschaft anbieten können. Zwar sind auch paardynamische Überlegungen anzustellen, bzgl. z. B. möglicher gegenseitiger Vorwürfe bei erkanntem schädlichem Alkoholkonsum in der Schwangerschaft. Die soziale Unterstützung u. a. durch den Partner stellt aber einen wichtigen Einflussfaktor zur Reduktion des Substanzkonsums von Schwangeren auch nach anderen Studien dar (Coleman et al. 1990, Olsen 1993, Waterson et al. 1990).

Merke
Auch im medizinischen ambulanten Setting sind Kurzinterventionen vor allem bei Schwangeren mit nur mäßigem oder gelegentlichem Alkoholkonsum wirksam. Für Schwangere mit stärkerem Konsum bzw. einer Alkoholabhängigkeit sollte möglichst eine Vernetzung/Vermittlung in eine suchtmedizinische und -therapeutische Behandlung erfolgen.

Die Einbindung von Partnern in die alkoholbezogenen Kurzinterventionen führt zu einer Steigerung der Effekte der Kurzinterventionen bei deren schwangeren Partnerinnen.

5.5.3 Barrieren der Umsetzung

In der gynäkologischen Praxis stellen sich jedoch auch verschiedene Hürden im Einsatz von Screenings und Kurzinterventionen. So nutzen Schwangere mit einer Alkoholproblematik die Schwangerenberatung von Ärzten in deutlich geringerem Maße als Frauen ohne Alkoholproblematik (Siedentopf et al. 2004). Wesentliche Barrieren in der gynäkologischen Praxis scheinen insbesondere bei Verdachtsmomenten des problematischen Konsums sowohl die kommunikativen Herausforderungen wie auch die strukturellen und/oder zeitlichen Begrenzungen im Praxisalltag zu sein. Stiegler et al. (2016b) führten zwei Fokusgruppeninterviews mit insgesamt zehn Frauenärzten durch. Aus der inhaltsanalytischen Auswertung ergaben sich folgende mögliche Barrieren im ärztlichen Umgang mit Alkohol- und Tabakkonsum schwangerer Patientinnen:

- die Vermeidung einer offenen Ansprache des Konsums
- Zurückhaltung bei bestimmten soziodemografischen Hintergründen der Patientinnen
- Belastungen des ärztlichen bzw. Praxisarbeitsalltags
- mangelndes Vertrauen in die eigene (fachliche) Kompetenz
- Ambivalenz hinsichtlich der eigenen Zuständigkeit für dieses Thema

Es ergeben sich letztlich zwei zentrale Problembereiche: Einerseits die allgemeinen organisatorischen sowie inhaltlichen Belange und Belastungen des gynäkologischen Arbeits- und Praxisalltags und andererseits Barrieren und Schwierigkeiten in der Ansprache und weitergehenden Beratung der Schwangeren zum Substanzkonsum. Die Autoren kommen zu der Schlussfolgerung: »Zu diskutieren sind für die Verbesserung der Versorgungsrealität und zur Unterstützung der Frauenärzte Möglichkeiten der strukturierten und standardisierten Vorgehensweise in der ärztlichen Beratung, eine Stärkung der allgemeinen Kommunikations- und Beratungskompetenz und die Bereitstellung niederschwellig verfügbarer Behandlungsangebote für betroffene Schwangere.« (Stiegler et al. 2016b, S. 816).

Auch in bisherigen vernetzenden Projekten zur FASD-Prävention z. B. mit Sucht- oder Schwangerschaftsberatungsstellen, zeigen sich Barrieren in der Zusammenarbeit mit Gynäkologen bzgl. der Übernahme von konsumspezifischen Interventionen oder den Möglichkeiten für Beratungsstellen in den Arztpraxisräumen z. B. Sprechstunden zum Thema Alkohol-/Tabakkonsum in der Schwangerschaft anzubieten. Die von anderen Berufsgruppen vermuteten Barrieren für eine solche intersektorale Zusammenarbeit liegen in dem zeitlichen und organisatorischen Mehraufwand für die Arztpraxis, der subjektiv nachgeordneten Relevanz des Themas und Befürchtungen, Patientinnen durch solche Angebote zu verlieren (Schaefer et al. 2014). Es bedarf hier aber weiterer Evaluationen, auch quantitativer Natur, um mögliche hinderliche Stereotypen- und Vorurteilsbildungen unter Gynäkologen differenzierter zu eruieren und eventuell auszuräumen.

Hinsichtlich der Implementierung ggf. notwendiger Weiterbildungsangebote für Gynäkologen zum Thema Alkohol- und Nikotinkonsum in der Schwangerschaft sind die bisherigen Erfahrungen in Deutschland eher ernüchternd. Im Projekt »Verbesserung der Betreuung von Schwangeren mit Alkohol- und Nikotinkonsum durch Erarbeitung eines Weiterbildungs-Curriculums für Gynäkologen sowie Aufbau einer telefonischen Hotline zur Beratung von Ärzten und Schwangeren« an der Klinik für abhängiges Verhalten und Suchtmedizin des LVR-Klinikums Essen, Kliniken der Universität Duisburg-Essen (gefördert durch das Bundesministerium für Gesundheit 2011–2012) nahmen von ca. 90 Gynäkologen in Essen lediglich neun an den angebotenen Weiterbildungen teil: »Wie auch in analogen Projekten mit anderen Arztgruppen ist die systematische Einbeziehung von niedergelassenen Ärzten in die suchtmedizinische Primärversorgung schwierig« (Scherbaum et al. 2012, S. 2). In der erfassten Selbsteinschätzung der Gynäkologen gab die Mehrheit unter ihnen jedoch an, Diagnostik und Beratung zu Alkohol- und Tabakkonsum regelmäßig durchzuführen bei einer gleichzeitig geringen Priorität von eigener Fortbildung zu diesem Thema.

Zukünftig ist eine bessere Implementierung von Prävention im Sinne von Aufklärung, Erfassung und Kurzinterventionen bei gebärfähigen bzw. schwangeren Frauen in der gynäkologischen Praxis voran zu treiben; auf diesen bedeutsamen Zugang zu schwangeren Frauen kann in der FASD-Prävention nicht verzichtet werden. Es wird eine große Rolle spielen, ob strukturelle und finanzielle Anreize geschaffen werden können, Gynäkologen zur stärkeren Übernahme entsprechender fachlicher Aufgaben zu motivieren. Hierzu gehören beispielsweise adäquate Vergütungen von ärztlichen Beratungsleistungen zum Alkoholkonsum in der Schwangerschaft, insbesondere vor dem Hintergrund, dass diese bei problematischem Konsum auch mehr Zeit in Anspruch nehmen. Im Weiteren sind suchtmedizinische Grundlagen in die Ausbildung von Ärzten (Studium, Facharztausbildungen) generell stärker einzubinden.

Aufgrund des geringen Inanspruchnahmeverhaltens von Schwangeren mit einer Alkoholproblematik können diese über gynäkologische Praxen bzw. das medizinische Versorgungssystem letztlich nicht ausreichend erreicht werden (Siedentopf et al. 2004). Daher ist auch die Implementierung und Ausweitung von konsumspezifischen Interventionen, möglichst auch unterstützt durch eine Regelfinanzierung, in anderen Settings für schwangere und gebärfähige Frauen – im weitesten Sinne in den Frühen Hilfen – anzustreben.

> **Merke**
> Bisher ergeben sich deutliche Barrieren in der Einbeziehung gynäkologischer Praxen in die Umsetzung von wirksamen alkoholspezifischen Kurzinterventionen bei Schwangeren. Diese sind nach jetzigem Kenntnisstand vor allem in den allgemeinen organisatorischen und inhaltlichen Belastungen des Praxisalltags begründet, aber auch in Schwierigkeiten in der Ansprache und weitergehenden Beratung der Schwangeren zum Konsum von Alkohol oder auch anderen Substanzen. Eine verbesserte Nutzung dieses wichtigen Zugangsweges zu Schwangeren bedarf der Verbesserung des Versorgungssystems, u. a. durch verbesserte Aus- und Fortbildungsanteile von Gynäkologen zum Substanzkonsum in der Schwangerschaft, aber auch verbesserte finanzielle Anreize bei ausführlicherem, psychosozialem Beratungsbedarf der Schwangeren.

5.6 Prävention im nicht-medizinischen Bereich am Beispiel der Schwangerschaftsberatungsstellen

Aus den vorangegangenen Präventionssettings wurde deutlich, dass die Präventionsstrategien und -maßnahmen zur Reduktion bzw. Beendigung des Alkoholkonsums in der Schwangerschaft – und damit auch zur Reduktion der Inzidenz von Fetalen Alkoholspektrumstörungen – noch erheblichen Entwicklungs- und Implementierungsbedarf aufweisen. Dies betrifft auch das folgende Setting, in dem Schwangere und ihre Partner besonders gut und spezifisch in ihrer Lebenssituation angesprochen werden können: die Schwangerschaftsberatungsstellen.

O'Connor und Whaley (2007) konnten zeigen, dass Kurzinterventionen auch in nicht-medizinischen, gemeindeorientierten und niedrigschwelligen Zentren, die vor allem von Frauen mit geringerem Einkommen und aus Minderheitengruppen aufgesucht wurden, zu einer Reduktion des Alkoholkonsums in der Schwangerschaft signifikant beitragen können; die durchführenden Fachkräfte waren hier allerdings Ernährungsberater. In der Selbstauskunft berichteten Frauen, die eine Kurzintervention erhielten, signifikant häufiger von einer Alkoholabstinenz als Frauen der Kontrollgruppe, die lediglich zu ihrem Gesundheitsverhalten befragt wurden. Zudem hatten die Kinder der Experimentalgruppe ein höheres Geburtsgewicht und eine höhere Geburtsgröße als Kinder der Kontrollgruppe.

In internationalen Studien zu Interventionen bei Schwangeren mit Alkoholkonsum, die in Reviews und Leitlinienberichten analysiert werden (z. B. Fröschl et al. 2013, Vogt et al. 2016), wird hingegen das spezifische Setting der Schwangerschaftsberatungsstellen nicht explizit beforscht. Bei einer Recherche zu Interventionsstudien in Deutschland findet sich für das spezifische Setting der Schwangerschaftsberatungsstellen lediglich eine weitergehende Interventionsstudie aus einem Kooperationsprojekt des Sozialdienst Katholischer

Frauen Köln e.V., dem Sozialdienst Katholischer Männer Köln e.V. und der Katholischen Hochschule NRW/Deutsches Institut für Sucht- und Präventionsforschung, die über drei Jahre (2011 bis 2014) vom Bundesministerium für Gesundheit im Rahmen der in Kapitel 5.2.1 beschriebenen Förderlinie unterstützt wurde (Hoff et al. 2011, Hoff et al. 2013, Hoff et al. 2014). Aufgrund der besonderen Spezifika wird daher das Kölner Interventionsmodell und dessen Ergebnisse zur praxisorientierten Veranschaulichung im Folgenden ausführlicher dargestellt.

5.6.1 Praxisbeispiel: »Kölner Interventionsmodell« in der Schwangerschaftsberatungstelle und weiteren frühen Hilfen

Ziel des Projekts war die Entwicklung und Erprobung eines Stepped-Care-Modells unter Einbeziehung eines setting-angepassten Screeninginstruments sowie begleitender Kurzinterventionen zum Alkohol- und/oder Tabakkonsum. Durchgeführt werden sollte es im Praxisfeld der Schwangerschaftsberatung unter Einbeziehung einer vernetzten Versorgung mit der Suchthilfe zur weitergehenden Behandlung, soweit aufgrund eines Suchtproblems der Schwangeren dies indiziert war. Dabei sollten auch suchtspezifische Interventionen wie Motivierende Gesprächsführung oder Elemente eines Selbstkontrolltrainings (»SKOLL – Selbstkontrolltraining für den verantwortungsbewussten Umgang mit Suchtstoffen und anderen Suchtphänomenen«) in die Schwangerschaftsberatung und damit in die Frühen Hilfen implementiert werden. Im Rahmen der Schwangerschaftsberatung können dabei nicht nur Frauen mit einem abhängigen Substanzkonsumverhalten, also einer auch schon vor der Schwangerschaft bestehenden Suchtproblematik, gezielt angesprochen werden, sondern im Sinne der FASD-Prävention auch solche Frauen, die einen für die Schwangerschaft riskanten, ansonsten aber ggf. tolerablen Konsumstil aufweisen (vgl. hierzu die Ergebnisse zu Grenzwerten bzw. notwendiger Punktnüchternheit in der Schwangerschaft in ▶ Kap. 5.1).

Folgt man den Empfehlungen des o. g. HTA-Berichts, so sollte das »medizinische und das nichtmedizinische Personal, das Screening sowie Kurzinterventionen bei Schwangeren durchführt, [...] speziell aus- und weitergebildet werden. Neben grundlegender Information zum Thema Alkohol in der Schwangerschaft wird eine Weiterbildung zu Gesprächsführung sowie einem respektvollen und wertschätzenden Umgang mit den betroffenen Frauen empfohlen. Betroffene Frauen sollten bei Bedarf an entsprechende weitere Beratungs- und Behandlungsangebote verwiesen werden.« (Fröschl 2013, S. 31). Dabei ist in besonderer Weise zu beachten:

- Alkohol- und/oder Tabakkonsum in der Schwangerschaft stellt nicht nur bei Klientinnen, sondern auch bei nicht-medizinischen bzw. nicht-suchtspezifischen Berufsgruppen immer noch ein Tabuthema dar, das vielfachen Barrieren der Thematisierung und Besprechung unterliegt.
- Die suchtspezifischen Regelangebote erreichen die betroffenen Frauen häufig nicht, weil sie sich selbst nicht – aufgrund eines in der spezifischen Phase Schwangerschaft schädlichen, sonst aber ggf. harmlosen Alkoholkonsums völlig zu Recht – als Zielgruppe der Suchthilfe sehen bzw. diese sogar eher als abschreckend wahrnehmen.

Die Abbildung stellt das vollständige, spezifisch für das Setting der Schwangerschaftsberatungsstelle entwickelte Stufen-Interventionsmodell nach drei Jahren Projekterfahrungen dar (▶ Abb. 5.1).

Die Modellkomponenten

Das Screening

Das für die Schwangerschaftsberatung entwickelte und dort erprobte Screening (▶ Abb. 5.2) zielte auf dem Hintergrund der empfohlenen Punktnüchternheit in der Schwangerschaft darauf ab, jeglichen, und nicht nur den als riskant, gefährlich oder abhängig definierten, Alkoholkonsum zu erfassen. Dabei ist zu berücksichtigen, dass ein

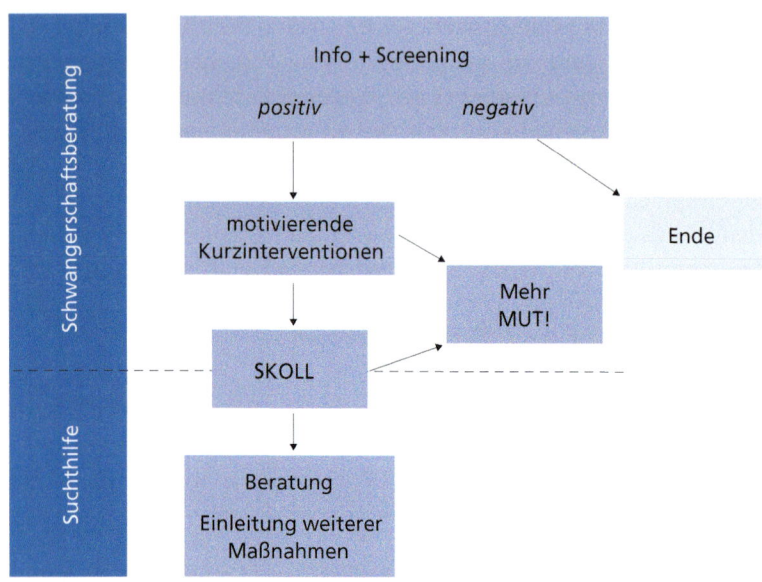

Abb. 5.1: Interventionsmodell zur Prävention von Alkohol- und Tabakkonsum in Schwangerschaft und Stillzeit durch Angebote der Schwangerschaftsberatung und Erziehungskompetenzförderung (nach Hoff et al. 2013, S. 179, Abdruck mit freundlicher Genehmigung des Thieme-Verlags)

solches Screening gerade in der Schwangerschaftsberatung – da diese sich aufgrund der sonstigen zentralen Beratungsanliegen der Schwangeren naturgemäß in der Regel nicht mit Substanzkonsum beschäftigt – möglichst praktikabel, ökonomisch und seitens der befragten Schwangeren möglichst akzeptabel sein sollte. Im Weiteren gilt es Informationen zu generieren, die im Beratungsprozess auch unmittelbar Schlussfolgerungen für das weitere Vorgehen erlauben. Zudem muss bedacht werden, dass Fachkräfte in der Schwangerschaftsberatung nicht zwangsläufig bisher in der Thematisierung des Tabuthemas Alkohol oder andere Substanzen in der Schwangerschaft gut qualifiziert sind, ein Screening also auch die Ansprache hier unterstützen soll. Außerdem ist in Schwangerschaftsberatungsstellen weniger die Diagnostik des Schweregrads einer Suchterkrankung

Screening Substanzkonsum

Bitte beachten:
Pro Frage ist nur eine Antwort möglich!
Bitte alle Fragen vollständig beantworten!

1) Rauchen Sie aktuell bzw. haben Sie in der Schwangerschaft geraucht?

☐ Ich habe zu keinem Zeitpunkt der Schwangerschaft geraucht → weiter bei Frage Nr. 5)	(0)
☐ Ich rauche aktuell	(1)
☐ Ich rauche jetzt nicht mehr, habe aber bis ca. zur ____. Schwangerschaftswoche geraucht	(1)

2) Wie viele Zigaretten rauchen Sie pro Tag bzw. haben Sie in der Schwangerschaft geraucht?

☐ bis zu 5 Zigaretten/Tag	(1)
☐ 6 bis 10 Zigaretten/Tag	(2)
☐ 11 und mehr Zigaretten/Tag	(3)

3) Auf welche Zigarette würden Sie aktuell nicht verzichten wollen bzw. wollten Sie nicht verzichten, als Sie noch in der Schwangerschaft geraucht haben?

☐ Die erste am Morgen	(1)
☐ Andere	(0)

4) Fällt bzw. fiel es Ihnen schwer, an Orten, wo das Rauchen verboten ist, nicht zu rauchen?

☐ Ja	(1)
☐ Nein	(0)

5) Trinken Sie aktuell alkoholhaltige Getränke bzw. haben Sie in der jetzigen Schwangerschaft Alkohol getrunken?

Bitte beachten Sie: Hierzu gehören auch gelegentliche Getränke, wie z.B. mal ein Glas Sekt.

☐ Ich habe zu keinem Zeitpunkt der Schwangerschaft Alkohol getrunken → Screening beenden	(0)
☐ aktuell	(2)
☐ jetzt nicht mehr, aber bis ca. zur ____. Schwangerschaftswoche	(1)

→ Falls Alkohol in der Schwangerschaft getrunken wird oder wurde, bitte weiter mit den Fragen Nr. 6 bis 10

Abb. 5.2: Screening von Alkohol- und/oder Tabakkonsum in Schwangerschaftsberatungsstellen (nach Hoff et al. 2013, S. 181, Abdruck mit freundlicher Genehmigung des Thieme-Verlags)

5 Konzepte, Methoden und Rahmenbedingungen der Prävention

6) An wie vielen Tagen in der Woche trinken Sie aktuell alkoholhaltige Getränke bzw. haben Sie in der jetzigen Schwangerschaft durchschnittlich Alkohol getrunken?

☐ Seltener als 1x/Woche (1)
☐ An 1 Tag/Woche (1)
☐ An 2 oder 3 Tagen/Woche (2)
☐ An 4 oder mehr Tagen/Woche (3)

7) Haben oder hatten Sie während der jetzigen Schwangerschaft schon einmal das Gefühl, dass Sie Ihren Alkoholkonsum verringern sollten?

☐ Ja, aber in den letzten 4 Wochen nicht mehr (1)
☐ Ja, aktuell (d. h. in den letzten 4 Wochen) (2)
☐ Nein (0)

8) Hat jemand Sie während der jetzigen Schwangerschaft schon einmal durch Kritisieren Ihres Alkoholkonsums ärgerlich gemacht?

☐ Ja, aber in den letzten 4 Wochen nicht mehr (1)
☐ Ja, aktuell (d. h. in den letzten 4 Wochen) (2)
☐ Nein (0)

9) Haben Sie sich während der jetzigen Schwangerschaft schon einmal schlecht oder schuldig gefühlt wegen Ihres Alkoholtrinkens?

☐ Ja, aber in den letzten 4 Wochen nicht mehr (1)
☐ Ja, aktuell (d. h. in den letzten 4 Wochen) (2)
☐ Nein (0)

10) Haben Sie während der jetzigen Schwangerschaft schon einmal morgens als Erstes Alkohol getrunken, um sich nervlich wieder ins Gleichgewicht zu bringen oder einen Kater loszuwerden?

☐ Ja, aber in den letzten 4 Wochen nicht mehr (1)
☐ Ja, aktuell (d. h. in den letzten 4 Wochen) (2)
☐ Nein (0)

Für die BeraterInnen:	stufenweises Interventionsverfahren nacherreichten Punkten:
1 bis 2 Punkte	→ Herausgabe psychoedukativer Materialien
ab 3 Punkte	→ zusätzlich: Motivierende Kurzberatung
ab 4 Punkte	→ zusätzlich: Empfehlung zur Sucht-/Präventionsberatung und/oder zum Erziehungskompetenzkurs „Mehr MUT!"

Abb. 5.2: Screening von Alkohol- und/oder Tabakkonsum in Schwangerschaftsberatungsstellen (nach Hoff et al. 2013, S. 181, Abdruck mit freundlicher Genehmigung des Thieme-Verlags) – Fortsetzung

wichtig, sondern vielmehr die Identifizierung eines überhaupt für den Embryo/Fötus riskanten Konsums. Entsprechend wurde das dargestellte Screening an die Lebensphase Schwangerschaft bzw. den Einsatz in Schwangerschaftsberatungsstellen angepasst. Methodisch basiert es auf dem VÄSE-Fragebogen (deutschsprachiger CAGE-Fragebogen zur Erfassung des Alkoholkonsums, John et al. 1996) sowie dem Fagerström-Fragebogen zur Erfassung der Nikotinabhängigkeit (Fagerström und Schneider 1989).

> **Merke**
> Das für die Schwangerschaftsberatungsstellen entwickelte Screening zum Alkohol- und/oder Tabakkonsum (Hoff et al. 2013) dient der Erfassung und vor allem Thematisierung jeglichen Alkohol- oder Tabakkonsums in der Schwangerschaft unter Beachtung der empfohlenen vollständigen Punktnüchternheit während der gesamten Schwangerschaft.

Motivierende Kurzinterventionen

Im Anschluss an ein positives Screening erfolgte eine Informierung der Schwangeren mithilfe psychoedukativer Broschüren, sodann im Bedarfsfall weitergehende motivierende Kurzinterventionen im Laufe eines oder mehrerer Beratungsgespräche durch die Schwangerschaftsberatung. Dies geschah in Anlehnung an die Motivierende Gesprächsführung nach Miller und Rollnick (1991) sowie an das SKOLL-Training.

Erziehungskompetenzförderung »Mehr MUT!«

Ergänzend zu diesen Interventionen, die während der Schwangerschaft greifen sollten, wurde ein zielgruppenspezifisches Erziehungskompetenztraining »Mehr MUT!« für (ehemals oder aktuell) Suchtmittel konsumierende Mütter von Kindern, die möglicherweise von FASD betroffen sind, entwickelt und eingesetzt. Diese nachgeburtlich angebotene Unterstützung (bis zum Alter von ca. sechs Jahren) in Form eines mehrwöchigen Gruppenangebots sollte v. a. die Auseinandersetzung mit den eigenen mütterlichen Fähigkeiten sowie der Entwicklung des Kindes fördern – unter den besonderen Bedingungen einer potenziell vorgeburtlich verursachten alkoholbedingten Schädigung. Da nicht selten – bei einem erkannten oder unerkannten länger bestehenden Suchtproblem – von einer betroffenen Frau mehrere Kinder in der Schwangerschaft Alkohol und auch anderen Substanzen ausgesetzt sein können, kann diese Form von Erziehungskompetenzförderung und Sensibilisierung für Substanzkonsumfolgen aus der Schwangerschaft auch als präventiv für Folgeschwangerschaften angesehen werden.

Projekterfahrungen und -evaluation

Die wesentlichen Modellaspekte und -erfahrungen lassen sich folgendermaßen beschreiben:

»Durch eine vernetzte Tandemstruktur von Schwangerschaftsberatung/Frühen Hilfen und der Suchthilfe strebt das Konzept eine verbesserte integrative Vorgehensweise der häufig nicht kooperierenden Systeme an, um niedrigschwellige Zugangs- und Behandlungswege für schwangere und stillende Frauen mit Substanzkonsum zu schaffen. Die Frauen sollen gemäß einem Stepped-Care-Ansatz Hilfe so früh wie möglich und so viel wie nötig erhalten. Durch Nutzung bewährter Methoden wie psychoedukative Materialien (im Projekt: Materialien der Bundeszentrale für gesundheitliche Aufklärung BZgA), motivierende Kurzberatung und Elemente des SKOLL-Selbstkontrolltrainings in der Schwangerschaftsberatung wurden bestehende Strukturen optimiert; bei anhaltendem Konsum wird eine Vermittlung in die Suchthilfe angestrebt.

Nach den Piloterfahrungen gelingt mit diesem Interventionsmodell eine zeitökonomische und settingspezifische Durchführung von Screenings zur Konsumerfassung sowie die Einführung von motivierenden Kurzinterventionen zur Konsumveränderung in der Schwangerschaftsberatung

Das Konsumscreening konnte durch die Eingliederung in die verbandlichen Strukturen des SkF Köln e.V. im Feld der Schwangerschaftsberatung als standardisiertes Vorgehen im Modellprojekt zuverlässig implementiert werden. Beraterinnen in der Schwangerschaftsberatung erlebten einen Kompetenzge-

5.6 Prävention im nicht-medizinischen Bereich

winn durch die Methodenerweiterung sowie eine Sensibilisierung und Ansprachemöglichkeit hinsichtlich des Suchtmittelkonsums ihrer Klientinnen. Die Überleitung zur Suchtberatung von Schwangeren mit behandlungsbedürftigem Alkohol-/Tabakkonsum gelang im Pilotprojekt durch eine fehlende Inanspruchnahme durch die Klientinnen jedoch nur defizitär. Der Bedarf zur vertiefenden weitergehenden Beratung bei ausgeprägtem und/oder anhaltendem riskantem Konsum soll daher zukünftig auch durch niedrigschwellige suchtpräventive und -beraterische »Inhouse«-Angebote innerhalb der Schwangerschaftsberatung gewährleistet werden.« (Hoff et al. 2013, S. 180)

Insgesamt nahmen in einer zweiten Förderphase während eines 16-monatigen Untersuchungszeitraums 1.858 Frauen am Interventionsmodell im Rahmen der Schwangerschaftsberatung an acht unterschiedlichen Beratungsstellen teil (Hoff et al. 2014). Die durchschnittliche Gesamtberatungszeit betrug insgesamt 66,43 Minuten; die Dauer der Gespräche zu Tabak und Alkohol durchschnittlich 10,78 Minuten (SD = 5,341) – dies lässt sich also durchaus gut in die Strukturen von Beratungsstellen, die zunächst wegen anderer Problembereiche von Schwangeren aufgesucht werden, implementieren. Geht man zunächst von den in Abbildung 5.2 festgelegten Screening-Cutoff-Werten eines riskanten Konsums aus, rauchten insgesamt 35,2 % der Frauen Zigaretten, 7,0 % tranken Alkohol, zunächst unabhängig vom Schwangerschaftszeitpunkt. Die Stichprobe und das Screeninginstrument ermöglichen jedoch eine differenzierte Betrachtung des Alkoholkonsums der befragten Frauen, je nachdem ob sie während oder vor der aktuellen Schwangerschaft Alkohol tranken oder Zigaretten rauchten. Geht man hier von den Selbstauskünften der Screeningergebnisse aus, so haben insgesamt 1,1 % der Befragten während der Schwangerschaft Alkohol konsumiert und 6,0 % vor Bekanntwerden ihrer Schwangerschaft. In Bezug auf Tabak gaben 13,5 % der Frauen an, aktuell während der Schwangerschaft zu konsumieren und 22,4 % bis zu einem bestimmten Zeitpunkt in der Schwangerschaft geraucht zu haben. Die Ergebnisse verdeutlichen eine Schwierigkeit von Screeningverfahren: Gerade auch in einem tabuisierten, schambesetzten Bereich kann man nicht von einer hinreichenden Validität dieser Selbstauskünfte und der somit ermittelten Zahlen sprechen, sondern muss eher von einer Unterschätzung des tatsächlichen Konsums ausgehen. Hinzu kommt, dass durch Studienbedingungen einer informed consent-Teilnahme wahrscheinlich gerade die besonders stark konsumierenden Schwangere eine Studienteilnahme im Vorfeld ablehnten. In der Anwendung eines standardisiert durchgeführten Screenings auch in einem nicht-medizinischen Beratungssetting liegt jedoch die besondere Chance, ein für das ungeborene Kind gefährliches Gesundheitsverhalten der werdenden Mutter ins Bewusstsein sowohl von Klientin als auch Beraterin zu rufen und vor allem in der Beratung besprechbar zu machen. Berater auch außerhalb der Suchtberatung erfahren damit einen Zuwachs an Handlungskompetenzen, indem sie über Screening, Materialien und Methoden der motivierenden Gesprächsführung die betroffenen Frauen individuell erreichen können.

> **Merke**
> Ein standardisiert eingeführtes Screening des Alkohol- und Tabakkonsums ermöglicht auch den stetigen Erhalt der Aufmerksamkeit in der Schwangerschaftsberatung – neben deren vielen anderen Aufgaben – auch bzgl. eines gefährdenden Substanzkonsums der Schwangeren. Dabei sind absolut exakte und valide Auskünfte der Schwangeren zwar anstrebenswert, wegen Verzerrungen u. a. durch Erinnerungseffekte, Scham- und Tabuisierungsgefühlen konsumierender Schwangerer aber eher unwahrscheinlich. Aus praxisbezogener Perspektive geht es vielmehr darum, Fachkräften außerhalb der Suchthilfe ein »Besprechbar machen« und eine Identifizierung des für den Fötus noch aktuell gefährdenden Konsums zu ermöglichen.

Unter Implementierungsperspektive zeigt sich eine relativ hohe und positive Klientinnenakzeptanz mit einer überwiegend positiven Reaktion der Probandinnen auf die einzelnen Interventionsschritte – bis auf die Weitervermittlung in die Suchthilfe (▶ Tab. 5.4).

Tab. 5.4: Reaktionen von positiv gescreenten Klientinnen der Schwangerschaftsberatung auf konsumspezifische Interventionsbausteine aus Sicht der Schwangerschaftsberaterinnen (Hoff et al. 2014)

Intervention	positive Reaktion	unentschlossene Reaktion	ablehnende Reaktion
Screening zum Alkohol- und/oder Tabakkonsum (n = 505)	82,6 %	14,9 %	2,6 %
psychoedukative Broschüren (n = 563)	73,5 %	16,2 %	10,2 %
motivierende Kurzinterventionen (n = 611)	70,0 %	21,6 %	8,4 %
Weitervermittlung in die Suchthilfe (n = 303)	29,0 %	44,0 %	27,0 %

Dabei ist einschränkend zu bemerken, dass eine Verhaltensänderung im Sinne einer Wirksamkeitsmessung an dieser Stelle nicht erfasst werden konnte, sondern die Intention zur Verhaltensänderung aus Selbstberichten der Klientinnen sowie aus Beobachtungen und Einschätzungen der befragten Beraterinnen geschlossen wurden. Im Hinblick auf die von Schaefer et al. (2014) geforderte Erfassung von Interventionseffekten auf konkrete Verhaltensänderungen der Schwangeren ist zum vorliegenden Projekt festzuhalten, dass die durchgeführte Datenerfassung einer Einschätzung der Konsumhäufigkeit, vor allem aber der Praktikabilität des Screenings und der eingesetzten Interventionsmethoden aus Sicht der Beraterinnen diente. Die Entwicklung des Interventionsmodells rekurriert dabei auf internationale Erkenntnisse zur Wirksamkeit von Kurzinterventionen und insbesondere Screenings bei konsumierenden Schwangeren, wenn auch der Forschungsstand diesbezüglich nach wie vor verbesserungswürdig ist (Fröschl et al. 2013). Eine Wirksamkeitsmessung wäre im vorliegenden Projekt sowohl hinsichtlich der strukturellen und finanziellen Rahmenbedingungen, als auch der Machbarkeit unter Praxisbedingungen nicht realisierbar gewesen. Das vorgelegte Projekt ist hier klassischerweise der Stufe 4 »Entwicklungsphase« im 6-Phasen-Modell der wissenschaftlich basierten Einführung von Präventionsprogrammen (Uhl 1997) zuzuordnen. Während Screening und motivierende Kurzinterventionen im Einzelsetting sich – nach anfänglichen Gewöhnungsprozesses – problemlos in den Arbeitsalltag der Schwangerschaftsberatungsstellen integrieren lassen, zeigen sich in der Implementierung von intensiveren suchtspezifischen Angeboten wie z. B. SKOLL-Kursen in diesem Setting größere Umsetzungsbarrieren. Eine Weiterleitung von Schwangeren, für die ein solches suchtspezifischeres Gruppenangebot indiziert wäre, in Suchtberatungsstellen gelingt nach den bisherigen Projekten in diesem Bereich nur selten; ein in die Schwangerschaftsstellen integriertes Angebot erscheint somit deutlich sinnvoller (Schaefer et al. 2014). Begründet im Inanspruchnahmeverhalten der Schwangeren selbst wie auch den Abläufen der Schwangerschaftsberatungsstellen lässt sich allerdings auch hier nur mit erheblichem Aufwand eine ausreichende Gruppengröße von zeitgleich in Frage kommenden Klientinnen erreichen; eine aussichtsreichere Akquise für Gruppenangebote ergibt sich bei Akquisenutzung aus mehreren Arbeitsbereichen, was eine sehr gute Vernetzungsstruktur vor Ort oder einen größeren Träger voraussetzt. Im Hinblick auf die besondere Situation konsumierender schwangerer Frauen ist einerseits eine Tandemleitung aus Schwangerschafts- und Suchtberatung der Gruppen empfehlenswert; eine zusätzliche Betreuung bereits vorhandener Kinder ist mit zu bedenken.

Alternativ zu einem konsumspezifischen Gruppenangebot sollte die Nutzung suchtspezifischer Interventionselemente sowohl in Einzel- als auch in themenübergreifenden Gruppenangeboten in Schwangerschaftsberatungsstellen vorangetrieben werden, um Schwangere stärker in der Alkohol- und auch Nikotinabstinenz zu unterstützen.

> **Transfer**
> In bisherigen Projekten zur Prävention des Alkoholkonsums in der Schwangerschaft stellte sich die Weiterleitung von infrage kommenden Klientinnen von den Schwangerschaftsberatungsstellen in die Suchthilfe eher problematisch dar, selbst bei kurzen oder durch Fachkräfte stark unterstützten Wegen (Schaefer et al. 2014). Suchtspezifische Beratungen oder Gruppenangebote sollten eher direkt als »Inhouse«-Angebote in der Schwangerschaftsberatungsstelle angeboten werden, um betroffene Frauen besser und nachhaltiger zu erreichen. Dabei gilt es zukünftig deren Finanzierung zu klären und zu stärken.

5.7 Prävention durch Online-Interventionsangebote

Internet-/Online-Interventionsprogramme finden zunehmend Eingang in die Gesundheitsprävention und -versorgung. Sowohl Internetprogramme mit und ohne Registrierung als auch Apps für mobile Betriebssysteme bieten eine Fülle von Angeboten, die aber in ihrer Qualität häufig von Nutzern und auch Fachkräften wenig beurteilt werden können. Nach einer Erhebung der Bertelsmann-Stiftung waren in 2016 bereits mehr als 100.000 Gesundheits-Apps verfügbar; fast ein Drittel der Deutschen hat bereits solche Anwendungen auf Mobiltelefonen installiert.

Vor dem Hintergrund, dass auch Schwangere sich mittlerweile vielfach über das Internet informieren (Swajcer et al. 2005, Larsson 2009), macht die Nutzung dieses Mediums für gezieltere FASD-Präventionsmaßnahmen entsprechend hochgradig Sinn. Erste Studienergebnisse unterstützten dies: Nach einer RCT-Studie von Tzilos et al. (2011) zeigte sich nach einer computergestützten Kurzintervention in der Experimentalgruppe ein signifikant höheres Geburtsgewicht im Vergleich zur Kontrollgruppe, nicht jedoch in der Gestationsdauer und dem Kopfumfang. Gleichzeitig reduzierten sowohl Probandinnen der Experimentalgruppe, aber auch der Kontrollgruppe, ohne weitergehende Intervention nach einem positiven Alkoholscreening signifikant den selbstberichteten Alkoholkonsum. Wieder zeigt sich hier, dass letztlich auch minimale Interventionen wie durchgeführte Screenings offensichtlich bei alkoholtrinkenden Schwangeren zur Konsumreduktion beitragen können. Die Studie weist aber nur eine geringe Stichprobengröße auf (EG: n = 27, KG: n = 23), so dass ggf. weitere vorhandene Unterschiede nicht erfasst werden konnten.

5.7.1 Praxisbeispiel: Online-Plattform und -Training »IRIS«

Programmaufbau

In Deutschland haben Stiegler et al. (2016a) in einem mehrjährigen Projekt eine internetbasierte Intervention zur Prävention und Beratung bei Alkohol- und Tabakkonsum für Schwangere unter dem Namen IRIS entwickelt und beforscht. IRIS (»Individualisierte, risikoadaptierte internetbasierte Intervention zur Verringerung des Alkohol- und Tabakkonsums bei Schwangeren«; www.iris-plattform.de) wurde auf der Basis bestehender therapeutischer Programme u. a. zu Psychoedukation, motivierender Gesprächsführung, Entspannungstechniken, Umgang mit Entzugs- und depressiven Symptomen, Stressmanagement, Selbstwert und Selbstbehauptung konzipiert. Über einen registrierten Zugang können Schwangere an 12-wöchigen Beratungsprogrammen zu Alkohol-, Tabak- oder einem kombiniertem Konsum teilnehmen, bei dem sie u. a. von einem E-Coach beratend und motivierend begleitet werden. Das Programm zum Tabakkonsum umfasst sowohl psychoedukative Elemente als auch die Teilnahme am Tabakentwöhnungsprogramm »Nichtraucher in sechs Wochen«, allerdings mit dem Unterschied zu herkömmlichen Ausstiegsprogrammen, dass IRIS eine frühestmögliche Konsumbeendigung anstrebt. Das Programm zum Alkoholkonsum beinhaltet sowohl informative als auch psychoedukative Elemente im Kontext einer spezialisierten Alkoholberatung. Dabei wird die sofortige Beendigung des Konsums angestrebt; für suchterkrankte Frauen werden die Inanspruchnahme ärztlicher Dienste empfohlen und hierfür Kontaktadressen vorgehalten. Das Programm zum kombinierten Konsum von Alkohol und Tabak beinhaltet die Kombination beider vorgenannten Programme. Die Programme folgen einem vorgeschriebenen Plan mit wöchentlichen Kontakten, Informationsmaterialien und Übungen, die auch wiederholt werden können. Zusätzlich kontaktiert ein sogenannter E-Coach wöchentlich die Teilnehmerinnen mit motivierenden Emails, wobei nach drei ungelesenen Emails das E-Coaching beendet wird.

> **Merke**
> Auch in Deutschland wird eine internetbasierte Intervention zur Beratung von Schwangeren mit bestehendem Alkohol- und/oder Tabakkonsum angeboten und beforscht, nämlich unter www.iris-plattform.de – »Individualisierte, risikoadaptierte internetbasierte Intervention zur Verringerung des Alkohol- und Tabakkonsums bei Schwangeren«.

Programmevaluation

In einer Nutzerinnenanalyse (Stiegler et al. 2016a), wurden über einen Zeitraum von 20 Wochen 32 Anmeldungen erfasst, davon 25 im Tabak-, 4 im Alkohol- und eine im kombinierten Programm. Auffällig an der Erreichbarkeit der Schwangeren ist dabei, dass sich in dieser Teilstudie zwar 35 gynäkologische Praxen und eine Universitätsfrauenklinik an der gezielten Ansprache von konsumierenden Schwangeren beteiligten und hierunter 105 Frauen die Empfehlung gaben, am IRIS-Angebot teilzunehmen, davon jedoch sich nur neun tatsächlich bei IRIS registrierten. Unter den 30 analysierten Fällen, von denen zehn Frauen erstmalig und 14 ungewollt schwanger waren, absolvierten lediglich sechs Frauen die gesamte Programmdauer; vier Wochen nach Anmeldung nahmen 50 % der Frauen nicht mehr aktiv am Programm teil. Fraglich ist hier, ob aus fehlender Motivation oder weil ggf. eine kurze Programmteilnahme bereits zu einer erfolgreichen Konsumreduktion oder Abstinenz beigetragen haben könnte. Zu Beginn der Programmteilnahme erfüllten 26 Frauen die Kriterien einer Tabakabhängigkeit nach ICD-10 sowie eine der alkoholkonsumierenden Schwangeren die Kriterien einer Alkoholabhängigkeit nach ICD-10. Erfasst über die Selbstauskunft der Frauen, erreichten in der Katamneseuntersuchung drei Monate nach Programmbeendigung 18,5 % der Frauen im Tabakprogramm sowie drei Frauen im Alkoholprogramm eine Abstinenz. Dabei fällt auf, dass die Teilnehmerinnen im Alkoholprogramm alle über eine anhaltende Alkoholabstinenz bereits etwa ab der zweiten oder dritten Woche berichteten. Zur subjektiven Zufriedenheit lagen die Angaben von lediglich sechs Probandinnen vor, die analog zu Schulnoten (1–6) die Aspekte Zufriedenheit mit dem und Hilfreichsein des Beratungsangebotes, des E-Coachings, der Präsentationsart und Nutzbarkeit des Programms in einer Spanne von 1,9 bis 2,4 bewerteten, also insgesamt eine hohe Zufriedenheit aufwiesen.

In einer weiteren Studie zur IRIS-Plattform wurden in einem zweiarmigen, randomisiert kontrollierten Forschungsdesign die Effekte der Beratungsplattform mit standardisierten Kurznachrichten im Vergleich zur Beratungsplattform mit einem wöchentlichen individualisierten email-gestützten E-Coaching verglichen (Drogenbeauftragte der Bundesregierung: Drogen- und Suchtbericht 2017). Mit 650 Teilnehmerinnen innerhalb eines Jahres, davon 85 % im Tabak-, 12,2 % im kombinierten und 2,8 % im Alkoholprogramm, konnte eine deutlich größere Stichprobe realisiert werden. Bezüglich der Möglichkeiten speziell einer FASD-Prävention, also der Reduktion des Alkoholkonsums in der Schwangerschaft, fallen die Erreichungsquote von insgesamt 15 %, sowie das Ergebnis, dass lediglich 44,4 % dieser Teilnehmerinnen einen ärztlichen Rat zum Alkoholverzicht erhielten, ernüchternd aus. Auch hier wiederholte sich die geringe Haltequote im Programm mit nur wenigen Teilnehmerinnen in allen Programmteilen (n = 9), die das 12-wöchige Programm bis zum Ende absolvierten. Die Ergebnisse zeigen bei Teilnehmerinnen, die ein E-Coaching erhielten, eine signifikant verbesserte Programmnutzung (gemessen am Programmstart in der ersten Woche, sowie der Teilnahmedauer bis Woche 3) und Tabakabstinenz im Programmverlauf, nicht jedoch nach Programmende. Dass ein intensivierter, individualisierterer und persönlicher Beratungsanteil wie ein E-Coach zu verbesserten Interventionsteilnahmen und -ergebnissen führt, deckt sich mit anderen Studien zu Online-Interventionsprogrammen zur Alkoholkonsumreduktion, wobei die jeweiligen Programme und deren Ergebnisse untereinander nur sehr eingeschränkt vergleichbar sind (Postel et al. 2010, Blankers et al. 2011).

> **Merke**
> Ein intensivierter, persönlicherer Kontakt bei Online-Interventionen, wie beispielsweise zu einem E-Coach, trägt zu besseren Resultaten sowohl in der Teilnahme als auch im Ergebnis der Interventionen bei.

Die methodischen Einschränkungen der bisherigen IRIS-Studien (u. a. geringe Stichprobengröße insbesondere in der Nacherhebung der Nutzerinnenanalyse-Studie, fehlende Kontrollierbarkeit, ob tatsächlich Schwangere sich registriert haben, eingeschränkte Validität von Selbstauskunftsdaten, fehlende Kontrollgruppe mit nicht beratenen oder im face-to-face-Kontakt beratenen Schwangeren) limitieren die Aussagekraft der vorgenannten Ergebnisse; dennoch zeigen die Bemühungen um ein onlinegestütztes Beratungsangebot für Schwangere zukünftige Entwicklungen auf, mit fundiert angelegten Interventionen noch mehr Schwangere in der Beendigung eines Embryo-/Fötus-schädigenden Substanzkonsums zu unterstützen.

5.7.2 Allgemeine Risiken und Vorteile von Online-Interventionen

Die generellen Herausforderungen und Risiken von Online-Interventionen, Internetberatungs- oder -behandlungsangeboten bleiben dabei zu beachten. Hierzu gehören u. a. Fragen nach einer ausreichenden und validen Diagnostik, der ausreichenden Aufklärung und Absicherung der Verständlichkeit aller diesbezüglichen Informationen, der Qualifikation der beteiligten Fachkräfte, der Absicherung geeigneter Betreuung in Krisensituationen, die Einschätzung der symptom-/krankheitsbezogenen Angemessenheit und Wirksamkeit eines Angebots usw. Die Bundespsychotherapeutenkammer (2017) spricht Internetprogrammen zukünftig eine bedeutsame Rolle in Prävention und Therapie zu, weist aber darauf hin: »Das Internet kann die Psychotherapie in Praxis und Klinik ergänzen und die Versorgung psychisch kranker Menschen bereichern, es kann sie jedoch nicht ersetzen. Diagnose und Aufklärung muss in unmittelbarem Kontakt zwischen Psychotherapeut und Patient erfolgen, weil nur so die Sorgfaltspflichten eingehalten werden und eine ausreichende Wahrnehmung und Behandlung des Patienten möglich ist« (ebd., S. 8). Im Weiteren betont sie die Bedeutung von Psychotherapeuten zur Abklärung von Beschwerden, bevor Patienten Präventions- oder Behandlungsprogramme nutzen, um negative Effekte unangemessener Programme, aber auch nicht oder falsch erfolgter internetbasierter Diagnosen zu verhindern.

Die Einbindung von Psychotherapeuten greift für den Fall des Alkohol- oder Tabakkonsums in der Schwangerschaft sicherlich zu weit, verdeutlicht aber die Problematik, ob Schwangere, die an Internetangeboten teilnehmen, tatsächlich auch angemessene und vor allem ausreichende Hilfen zur Konsumreduktion oder Abstinenz erhalten. Eine diagnostische Abklärung durch Fachkräfte aus der Gynäkologie, Schwangerschafts- oder Suchtberatung wäre empfehlenswert vor der Inspruchnahme eines solchen Programms. Gleichzeitig zeigen die Untersuchungen von Stiegler et al. aber auch, dass ein solches Internetangebot relativ selten nach erfolgter Empfehlung durch Gynäkologen genutzt wird; dies steht im Einklang mit anderen Studien, nach denen 3 bis 25 % der Patienten ein präventives oder therapeutisches Internetprogramm tatsächlich auch nutzen, nachdem es ihnen empfohlen wurde (Ebert et al. 2015). Hier bedarf es ggf. mehr Öffentlichkeitsarbeit, um eine Internetplattform wie IRIS

5.7 Prävention durch Online-Interventionsangebote

deutlich bekannter werden zu lassen, aber auch Programmverbesserungen, die zu einer höheren Haltequote in den Online-Interventionen beitragen.

Die Ambivalenz zwischen der Frage nach der Angemessenheit eines Internetangebots und der Chance der Erreichbarkeit von Zielgruppen, die keine sonstigen Hilfen in Anspruch nehmen würden, bleibt letztlich bestehen. Bei Einhaltung fachlicher Standards zeigen aber generell Studien u. a. zu depressiven Störungen, Angststörungen, chronischen Schmerzen, Cannabisabhängigkeit oder Essstörungen, dass Online-Interventionen wirksamer sind im Vergleich zu Patienten, die keine Behandlung erhalten (z. B. Richards und Richardson 2012, Mayo-Wilson und Montgomery 2013, Eccleston et al. 2014, Tait et al. 2013, Melioli et al. 2016). Tossmann et al. (2016) analysierten den Forschungsstand zu Online-Interventionsprogrammen zur Reduktion des Alkohol- und Cannabiskonsums auf Basis von verfügbaren systematischen Reviews, Metaanalysen und randomisierten, kontrollierten Primärstudien und kommen zu dem Ergebnis, dass auch im Alkoholbereich Online-Interventionen wirksam sind, allerdings mit heterogenen Effektstärken (z. B. in einer Übersichtsarbeit von White et al. (2010) d = 0,02–0,81). Erwartungsgemäß ergeben umfassendere Online-Interventionen höhere Effekte als einmalige Online-Kurzinterventionen (Riper et al. 2011). Einschränkend ist zu benennen, dass ein erheblicher Studienanteil an Studierenden durchgeführt wurde; Schwangere als spezifische Zielgruppe wurden hingegen nicht berücksichtigt bzw. differenziert erfasst.

Merke
Online-Interventionen haben sich mittlerweile bei verschiedenen Erkrankungen als wirksam erwiesen (bei zum Teil heretogenen Effektstärken) im Vergleich zu Patienten, die keine Behandlung erhalten. Dabei tragen umfassendere Angebote zu einem höheren Effekt bei als einmalige Online-Kurzinterventionen.

Vorteile eines internetbasierten Beratungs- oder Interventionsangebots liegen in der Niedrigschwelligkeit und Unabhängigkeit von Raum und Zeit, aber auch in der Anonymität der Inanspruchnahme von Hilfen gerade auch in dem eher scham- und tabubesetzten Themenfeld des Konsums während der Schwangerschaft: Sich und anderen einzugestehen, dass Alkohol oder Tabak konsumiert wird trotz der teilweise bekannten Risiken für den Fötus, und Hilfen anzunehmen, fällt ggf. in einem persönlichen face-to-face-Gespräch schwerer als im anonymen Internet.

> **Transfer**
> Angesichts der weiterhin bestehenden hohen Fallzahlen an FASD-Erkrankungen, aber auch hinsichtlich des Alkohol- und Tabakkonsums in der Schwangerschaft gilt es in zukünftigen Präventionsbemühungen auch internetbasierte Zugangswege zu konsumierenden Schwangeren noch weiter zu intensivieren und zu beforschen.

5.8 Prävention durch vernetzte Strukturen und Interventionen

Die vorangegangenen Settings, in denen eine universelle, selektive und/oder indizierte Prävention des Alkoholkonsums in der Schwangerschaft bzw. alkoholexponierter Schwangerschaften stattfinden können, müssen zukünftig einerseits noch stärker untereinander vernetzt werden, andererseits weitere Sozial- und Gesundheitsdienstleister einbeziehen. Hierzu gehört die stärkere Einbeziehung z. B. von Hebammen, Fachkräften aus weiteren Beratungsdiensten (z. B. Erziehungs-, Ehe-, Familien- und Lebensberatungsstellen) und der Jugendämter, Kindergärten etc. Ziel muss es sein, zum einen das Wissen und abstinente Verhalten bezüglich Alkoholkonsum in der

Schwangerschaft zu erhöhen, zum anderen noch frühzeitiger und häufiger Kinder mit Fetalen Alkoholspektrumstörungen adäquat zu erreichen und korrekt zu diagnostizieren.

Eine wesentliche Barriere stärker vernetzter Zugangs- und Interventionswege zu gebärfähigen und schwangeren Frauen stellen Informationsdefizite und fehlerhafte Stereotypisierungen der Fachkräfte dar. Sowohl international als auch national liegen Studien vor, die für relevante Arbeitsfelder z. B. der Früh- und Sonderpädagogik, Medizin, Sozialen Arbeit, Krankenpflege, Suchtberatung, Rehabilitation, Kinder- und Jugendschutz usw. immer wieder unzureichende Informationsgrade zu Fetalen Alkoholspektrumstörungen und einem daraus folgenden hohen Informationsbedarf zeigen (z. B. Brimacombe et al. 2008, Caley et al. 2008, Blackburn und Whitehurst 2010, Johnson et al. 2010, Sarimski und Banse 2010, Kollmann 2013, Birch et al. 2016).

In erweiterten Zugangswegen und Angebotsstrukturen sind daher Trainings der zu beteiligenden Fachkräfte aller Fachdisziplinen zu fördern, sei es zur Erhöhung des allgemeinen Informationsstandes über Folgen des Alkoholkonsums in der Schwangerschaft oder zur weitergehenden Kompetenzförderung der Fachkräfte in substanzbezogenen Screenings, Kurzinterventionen und Hilfevermittlung. Bei bestehendem Bedarf an Fortbildungen (z. B. Kollmann 2013) zeigen Ergebnisevaluationen solcher Fortbildungen neben einem höheren Kenntnisstand vor allem aber auch eine höhere Selbstwirksamkeit und Zuversicht der Fachkräfte, erworbene Fertigkeiten bei Frauen mit alkoholexponierenden Schwangerschaften anzuwenden (z. B. Mwansa-Kambafwile et al. 2011).

Merke
Immer noch bestehen Informationsdefizite in verschiedenen Berufsgruppen bzw. Handlungsfeldern, die außerhalb von Gynäkologie, Pädiatrie, Suchthilfe oder Schwangerschaftsberatung hilfreiche Zugangs- und Interventionsstrategien in der FASD-Prävention sein können.

> Für eine vernetzte Prävention bedarf es einer breiteren Sensibilisierung und Schulungen bzgl. der FASD-Problematik auch unter Fachkräften, die mit Mädchen und Frauen mit möglichen (aktuellen oder späteren) alkoholexponierten Schwangerschaften zu tun haben.

Eine Möglichkeit vernetzter Hilfen ist die Erstellung regionaler Netzwerkstrukturen mit Wegweisern, um Adressen für unspezifische (z. B. Schwangerschafts- oder Suchtberatungsstellen) und spezifische Hilfeangebote (z. B. spezialisierte Ambulanzen zur Diagnostik Fetaler Alkoholspektrumstörungen) sowohl für die betroffene Zielgruppe als auch für Fachkräfte bereit zu stellen. Ein Beispiel ist das Hamburger Netzwerk »Schwangerschaft – Kind – Sucht« mit dem Internetportal www.lina-net.de, zugehörigen Adressfaltblättern sowie FASD-Informationen. Das Netzwerk wurde auf Basis von Rahmenvereinbarungen beteiligter Träger und Dienste zur Kooperation für suchtgefährdete und suchtbelastete schwangere Frauen und Mütter mit Kindern bis zu einem Jahr aufgebaut (Drogenbeauftragte: Drogen- und Suchtbericht 2009, 2017). Dieses Projekt stellt bisher aber eher die Ausnahme dar; es bedarf hier zukünftig flächendeckenderer, fest verankerter und dauerhafter Kooperationsstrukturen und zwar nicht nur als indizierte Prävention/Intervention für schwangere Suchterkrankte, sondern auch für universelle und selektive Präventionsangebote.

Die Einbindung der Prävention, Diagnostik und Intervention speziell zu Fetalen Alkoholspektrumstörungen sollte zukünftig auch in Netzwerken der Frühen Hilfen expliziter einbezogen werden (z. B. Blackburn und Whitehurst 2010). In einer Erhebung bei beteiligten Berufsgruppen der Familienhebammen und Familien-, Gesundheits- und Kinderkrankenpflegenden mit Zusatzqualifikationen für die Frühen Hilfen stellten die Fachkräfte zu Betreuungsbeginn bei 13 % der Familien Hilfsbedarf aufgrund einer Suchterkrankung fest; darunter nahmen 37,3 % zu Betreuungsbeginn und 43,4 % im Betreuungsverlauf suchtspezifische Hilfen durch die Frühen Hilfen wahr (Paul 2017). Über Netzwerke der Frühen Hilfen sind zunächst

5.8 Prävention durch vernetzte Strukturen und Interventionen

Mütter und Väter vor allem nachgeburtlich und in den ersten Lebensjahren des Kindes zu erreichen – gleichzeitig können hier Zielgruppen späterer alkoholexponierter Schwangerschaften verstärkt erreicht werden, soweit nicht sowieso Schwangere gezielt angesprochen werden.

Für den Bedarf der intensivierten suchtberaterischen/-therapeutischen Unterstützung von Schwangeren mit einem hohen Alkoholkonsum (indizierte Prävention) hat sich in Studien aus Südafrika – eines der Länder mit den höchsten FASD-Prävalenzen weltweit (13,6–20,9 %, May et al. 2013) – die Methode des Case Managements als effektiv zur Reduktion des Alkoholkonsums während der Schwangerschaft gezeigt, allerdings mit der bisherigen forschungsmethodologischen Einschränkung fehlender Kontrollgruppen. Case Management beinhaltete in einer Studie von de Vries (2016) mit 67 Schwangeren die Unterstützung bei der allgemeinen Lebensorganisation, Motivierende Gesprächsführung sowie Methoden des Community Reinforcement Approachs, also im weitesten Sinne eines verhaltenstherapeutisch gemeindeorientierten Suchttherapieansatzes (zur deutschen Anwendung des Community Reinforcement Approachs vgl. Meyers und Smith 2011). Der Case Management-Prozess wurde bei 19,4 % der Frauen im ersten Trimester, 61,2 % im zweiten und 19,4 % im dritten Trimester begonnen. Datenerhebungen erfolgten zu Beginn und 6, 12 sowie 18 Monate nach Programmeintritt. Bei einem zu erwartenden Drop-Out von 24 % der Probandinnen über einen sehr langen Erhebungszeitraum von 18 Monaten korrelierte die Beteiligung am Case Management signifikant mit einer Reduktion des Trinkens am Wochenende und des problematischen Trinkverhaltens; gleichzeitig ging eine Reduktion des Alkoholkonsums mit einem verbesserten Wohlbefinden/Glücklichsein einher.

Transfer
In internationalen Studien hat sich die Methode des Case Managements als erfolgversprechend zur Reduktion des Alkoholkonsums in der Schwangerschaft bei stark konsumierenden Schwangeren

> gezeigt. Weitere Forschung ist hier notwendig, um spezifische Effekte eines strukturierten Case Managements im Vergleich zu z. B. unspezifischen, aber intensivierten Betreuungsangeboten für schwangere Suchterkrankte herauszuarbeiten. Da Case Management mittlerweile eine etablierte Methode auch innerhalb der Suchtberatung in Deutschland darstellt, wäre zumindest aus Sicht der Praktikabilität eine Anwendung für Schwangere mit einem hohen Alkoholkonsum auch hierzulande denkbar.

Evaluationen zu vernetzten Strukturen in der interdisziplinären Ansprache und Versorgung von eher schwer oder bisher nicht ausreichend erreichten Zielgruppen zeigen häufig hohe Barrieren im Organisationsbedarf (z. B. Sack und Zenker 2009, Schaefer et al. 2014) wie auch in der Findung einer gemeinsamen Haltung und gegenseitigen Akzeptanz für die zum Teil beträchtlichen Unterschiede, z. B. im Fallverständnis (Beispiel: Unterschiede des Suchtverständnisses zwischen Schwangerschafts- und Suchtberatungsstellen). Gleichzeitig erleben Fachkräfte in Netzwerken auch zum Thema suchtmittelkonsumierende Schwangere und Eltern einen Zugewinn in der Effektivität ihrer Arbeit z. B. durch Synergieeffekte in der Versorgung, Austausch- und Unterstützungsmöglichkeiten oder netzwerkspezifische Fortbildungen (Sack und Zenker 2009).

Bei vernetzten Präventionsbemühungen durch Kooperationen verschiedener Hilfesektoren gilt es miteinander sensibel und offen zu klären, welche unterschiedlichen Beratungshaltungen gegenüber Schwangeren, aber auch im Suchtverständnis an sich in den verschiedenen Sektoren bzw. Trägern vertreten werden. Die Findung einer gemeinsamen Haltung, aber auch die Akzeptanz von Unterschiedlichkeiten im Fallverständnis hilft, dauerhaftere, gewinnbringende Kooperationen zu etablieren.

Auch im Kontext der präventiven Bemühungen zur Reduktion des Alkoholkonsums in der Schwangerschaft in Deutschland haben sich deutliche Herausforderungen in der Vernetzungs- und Multiplikatorenarbeit gezeigt: u. a. mit der Berufsgruppe der Gynäkologen

(▶ Kap. 5.5), aber auch in der Vernetzung z. B. von Schwangerschafts- und Suchtberatungsstellen in der gemeinsamen Versorgung betroffener Frauen. Auf Basis der Auswertung von sieben Pilotprojekten zur Prävention des Alkohol- oder Tabakkonsums in verschiedenen psychosozialen Settings, gefördert durch das Bundesministerium für Gesundheit (▶ Kap. 5.2), kommen Kolip et al. (2013) zu den in folgenden gestellten Handlungsempfehlungen zum Aufbau von Kooperationen zur Prävention von Suchtmittelkonsum in Schwangerschaft und Stillzeit:

- kritische Auseinandersetzung mit potenziellen Multiplikatorengruppen und Auswahl geeigneter Fachkräfte zum Aufbau einer Kooperation
- kritische Auseinandersetzung mit dem zusätzlichen Aufwand, der von den Multiplikatorengruppen realistischerweise erwartet werden kann
- Einplanung ausreichender finanzieller, personeller und zeitlicher Ressourcen für die Ansprache der Multiplikatoren und Multiplikatorinnen
- mehrfache und persönliche Kontaktaufnahme mit den Multiplikatoren und Multiplikatorinnen
- Klärung möglicher Auswirkungen auf den Arbeitsprozess (sowohl die zeitliche Beanspruchung, als auch eine Veränderung der Beziehung zu den suchtmittelkonsumierenden schwangeren und stillenden Frauen betreffend)
- Erweiterung des Kreises der angesprochenen Fachkräfte/Aufbau breit angelegter Kooperationsstrukturen
- Aufzeigen einer längerfristigen Perspektive für die Kooperation über die Projektlaufzeit hinaus
- Investition in Netzwerkarbeit, u. a. Einbindung von Funktionsträgern aus Fachkreisen und/oder der Lokalpolitik bzw. von Schlüsselfiguren, die dem inhaltlichen Thema eine hohe Bedeutung zumessen
- Nutzung und Stärkung vorhandener Strukturen und Aufsatteln auf frühere Kooperationen

- kontinuierliche Pflege der aufgebauten bzw. genutzten Netzwerke und Strukturen
- Nutzung von Fortbildungen, Kongressen oder andere Treffen der Multiplikatorengruppe, um das Thema bekannt zu machen und das Interesse zu wecken
- Herausstellung der Relevanz der Thematik und Betonung des Nutzens für die Multiplikatorinnen und Multiplikatoren (win-win-Situation)
- Erarbeitung bzw. Nutzung schriftlicher Informationsmaterialien, die von den Multiplikatorengruppen für die Ansprache der Zielgruppe genutzt werden können.

Die Handlungsempfehlungen zeigen letztlich wenig Unterschied zu generellen Notwendigkeiten im Aufbau und Erhalt von Kooperationen und Netzwerken (z. B. Kolip et al. 2013), in diesem Falle allerdings entwickelt als qualitative Ergebnisbeschreibung aus Präventionsprojekten zur gezielten Reduktion des Alkohol- und/oder Tabakkonsums in der Schwangerschaft in Deutschland.

Zukünftig wird es wenig Alternativen zu multidisziplinären und vernetzten Zugangs- und Angebotsstrukturen auf verhaltenspräventiver Ebene geben, um Schwangere mit bestehendem Alkoholkonsum für Verhaltensänderung zu sensibilisieren, zu motivieren und zu unterstützen. Gleichzeitig müssen dazu ergänzende verhältnispräventive Maßnahmen weiterhin verfolgt werden.

6

Ausblick

Die derzeitige Landschaft der Interventionen für Betroffene mit Fetalen Alkoholspektrumstörungen in Deutschland – von der Prävention über die Diagnostik bis hin zu Therapieformen – kann zusammenfassend folgendermaßen beschrieben werden: Es existieren viele gute, zum Teil evidenzbasierte Ansätze z. B. in der Diagnostik oder Prävention und vor allem eine ausgesprochen engagierte Selbsthilfebewegung; von einer flächendeckenden, bedarfsorientierten und -deckenden Angebotsstruktur in Prävention, Therapie und Unterbringungsangeboten ist die Entwicklung aber noch Jahre, wenn nicht Jahrzehnte entfernt.

Die Ausarbeitung eines diagnostischen Standards in Form der S3-Leitlinie war ein wesentlicher Schritt zu der schon lange notwendigen Vereinheitlichung der Diagnostik Fetaler Alkoholspektrumstörungen. Es bedarf nun deren dauerhafter, professionsübergreifender Implementierung und dann folgend deren Evaluation hinsichtlich quantitativ und qualitativ angemessener Durchführung, sozialrechtlicher Anerkennung und Auswirkung auf eine verbesserte medizinische, psychologische, ergo-/physiotherapeutische, logopädische und pädagogische Unterstützung und Begleitung der Betroffenen. Im Gegensatz zur Diagnostik ist die derzeitige Forschungslage zur Wirksamkeit therapeutischer Behandlungen und psychosozialer Angebote für FASD-Betroffene noch rudimentär. Erst durch mehr nationale und internationale Interventions- und Versorgungsforschung im Bereich FASD wird es möglich sein, leitliniengestützte Behandlungsempfehlungen auf hohem wissenschaftlichen S3-Evidenzniveau zu entwickeln.

In diesem Kontext wird auch die weitere Entwicklung von Angeboten für biologische, Pflege- und Adoptiveltern und deren forschungsmethodisch angemessene Bewertung bedeutsam sein: Bei einer insgesamt hohen Fremdunterbringung kommt den familiären Systemen die wichtigste Rolle im Miteinander und Füreinander der zu fördernden Kinder zu. Medizinische wie psychologische Unterstützung in der diagnostischen Abklärung, Psychoedukation im dauerhaften Umgang mit den symptombedingten Belastungen, aber auch wesentlich Unterstützungsangebote in der Erziehungskompetenz und in der zu bewältigenden Auseinandersetzung mit der so entstandenen Lebenssituation für die betroffenen Eltern, sind bisher viel zu wenig erforscht und praxisbezogen methodisch strukturiert angegangen oder etabliert. Dies betrifft auch die Perspektiven der Lebensgestaltung für Erwachsene mit Fetalen Alkoholspektrumstörungen: Bisher gibt es außerhalb des Verbleibs im Elternhaus oder Angeboten der Behindertenhilfe lediglich den Evangelischen Verein Sonnenhof e.V. als Träger in Berlin, der spezialisierte Wohngemeinschaften und Betreutes Einzelwohnen für Erwachsene mit FASD in Deutschland anbietet (www.ev-sonnenhof.de). Insbesondere wenn die Zuständigkeiten der Jugendhilfe aufgrund der Volljährigkeit enden, müssen zukünftig mehr Antworten gefunden werden, welche Lebensformen für Erwachsene mit FASD, unter denen nur ein kleiner

Teil selbstständig leben kann, subjektiv erstrebenswert und objektiv realisierbar sind. Neben der Verbesserung der diagnostischen und therapeutischen Versorgung von möglichst früher Kindheit bis ins Erwachsenenalter gilt es aber auch, in Präventionsangeboten durchgängig die Psychoedukation zum Konsum von Alkohol (und anderen Substanzen) in der Schwangerschaft und dessen Gefahren für ungeborene Kinder zu implementieren. Es muss selbstverständlich werden, in allen – und nicht nur in themenspezifischen – Präventionsangeboten in bedeutsamem Umfang auf die Thematik der Fetalen Alkoholspektrumstörungen einzugehen und damit ein handlungsrelevantes Bewusstsein für die Gefahren des Alkoholkonsums in der Schwangerschaft zu schaffen. Es gilt Präventionsketten über verschiedene Lebensphasen (Kindheit, Jugend, frühes und mittleres Erwachsenenalter), über verschiedene Settings (Schule, Freizeitangebote wie z. B. Sportvereine, Kinder- und Jugendhilfe, Ausbildungssektor wie z. B. Berufsschulen, Hochschulen, Präventionsangebote im medizinischen Sektor wie z. B. Aufklärung für gebärfähige Frauen und deren Partner in der gynäkologischen Versorgung, Unterstützung in der Begleitung durch Hebammen) und über verschiedene beteiligte Professionen (z. B. Erziehungswissenschaft, Soziale Arbeit, Beratungsfachkräfte in verschiedenen Settings, Gynäkologie, Hebammenwissenschaft etc.) zu etablieren. Nur eine solchermaßen gestaltete, umfassendere Präventionslandschaft wird ein sensibleres, verantwortungsbewussteres und sich in Verhaltensveränderungen zeigendes Bewusstsein im Umgang mit Alkohol in der Schwangerschaft dauerhaft ermöglichen.

Es bleibt eine Aufgabe, Suchtphänomene bei Schwangeren noch besser zu verstehen und die suchttherapeutische Behandlung hier auszubauen: z. B. durch eine Verbesserung der Forschungslage sowie der bedarfsdeckenden Angebotsstruktur – es bleibt eine andere Aufgabe, auf Dauer ein Absenken des immer noch zu hohen und zu häufigen Alkoholkonsums unter nicht-suchterkrankten Schwangeren in Deutschland zu erreichen. Ohne Letzteres wird aber auf Dauer ein Absenken der Häufigkeit von Fetalen Alkoholspektrumstörungen nicht zu erreichen sein. Es bleibt eine gesamtgesellschaftliche

6 Ausblick

Aufgabe, gesunde Lebenswelten für Schwangere und zukünftig schwangere Frauen zu schaffen, in denen sie in Partnerschaft, Familie, Gesundheitsversorgung, Bildung und Arbeit hierzu motivierend, wertschätzend und empathisch unterstützt werden.

Literatur

Alex K, Feldmann R (2012) Children and adolescents with fetal alcohol syndrome (FAS): better social and emotional integration after early diagnosis. Klin Padiatr 224(2): 66–71.

Alvik et al. (2006) Alcohol use before and during pregnancy: a population-based study. Acta Obstetricia et Gynecologica 85: 1292–1298.

Astley S (2014) Lip-Philtrum-Guide. Abrufbar unter: https://depts.washington.edu/fasdpn/htmls/lip-philtrum-guides.htm (Zugriff am 18.05.2018).

Babor T, Caetano R, Casswell S, Edwards G, Giesbrecht N, Graham K et al. (2010) Alcohol: No Ordinary Commodity – Research and Public Policy. Oxford, UK: Oxford University Press.

Bergmann, KE, Bergmann RJ, Ellert U, Dudenhausen JW (2007) Perinatale Einflussfaktoren auf die spätere Gesundheit – Ergebnisse des Kinder- und Jugendgesundheitssurveys (KiGGS). Bundesgesundheitsbl –Gesundheitsforsch – Gesundheitsschutz 50: 670–676.

Bertelsmann-Stiftung (2016) Gesundheits-Apps. Bedeutender Hebel für Patient Enpowerment – Potenziale jedoch bislang kaum genutzt. Spotlight Gesundheit, Daten, Analysen, Perspektiven: 21–28.

Bhatara V, Loudenberg R, Ellis R (2006) Association of attention deficit hyperactivity disorder and gestational alcohol exposure: an exploratory study. J Atten Disord 9: 515–522.

Birch SM, Carpenter HA, Marsh AM, McClung KA, Doll JD (2016) The Knowledge of Rehabilitation Professionals Concerning Fetal Alcohol Spectrum Disorders. Occup Ther Health Care 30(1): 69–79. doi: 10.3109/07380577.2015.1053163.

Blackburn C, Whitehurst T (2010) Foetal alcohol spectrum disorders (FASD): raising awareness in early years setting. British Journal of Special Education 37 (3): 122–129.

Blankers, M, Koeter, MW, Schippers, GM (2011) Internet Therapy versus internet self-help versus no treatment for problematic alcohol use; a randomized controlled trial. Journal of Consulting and Clinical Psychology 79: 330–341.

Bowerman RJ (1997) The effect of a community-supported alcohol ban on prenatal alcohol and othe substance abuse. Am J Public Health (87)8: 1378–1379.

Literatur

Brimacombe M, Nayeem A, Adubato S, DeJoseph M, Zimmermann-Bier B (2008) Fetal alcohol syndrome related knowledge assessment and comparison in New Jersey health professional groups. Can J Clin Pharmacol 15(1): e57–e65.

Bühler A, Thrul J (2013) Expertise zur Suchtprävention. Köln: Bundeszentrale für gesundheitliche Aufklärung BzGA, Band 46.

Bundespsychotherapeutenkammer (2016) Alkohol – die legale Droge. Berlin: BPtK-Standpunkt.

Bundespsychotherapeutenkammer (2017) Internet in der Psychotherapie. Berlin: BPtK-Standpunkt.

Bundestag (2015). Gesetz zur Stärkung der Gesundheitsförderung und Prävention (Präventionsgesetz PrävG). Bundesgesetzblatt, Teil 1, Nr. 31, ausgegeben zu Bonn 24. Juli 2015. https://www.bgbl.de (Zugriff am 18.05.2018).

Bundeszentrale für gesundheitliche Aufklärung (2015) Bewusst verzichten: Alkoholfrei in der Schwangerschaft. Praxismodule für die Beratung Schwangerer. Köln: Bundeszentrale für gesundheitliche Aufklärung BzGA.

Burden MJ, Westerlund A, Muckle G, Dodge N, Dewailly E, Nelson CA et al. (2011) The effects of maternal binge drinking during pregnancy on neural correlates of response inhibition and memory in childhood. Alcohol Clin Exp Res 35: 69–82.

Bush K, Kihlavan DR, McConell MB, Fihn SD, Bradley KA (1998) The AUDIT alcohol consumption questions (AUDIT-C): An effective brief screening test for problem drinking. Arch Intern Med 158: 1789–1795.

Caley L, Syms C, Robinson L, Cederbaum J, Henry M, Shipkey N (2008) Whar human service professionals know and want to know about fetal alcohol syndrome. Can J Clin Pharmacol 15(1): e117–e123.

Caplan G (1964) Principles of preventive psychiatry. New York: Basic Books.

CDC – National Centre on Birth Defects and Developmental Disabilities (2004) Fetal Alcohol Syndrome: Guidelines for Referral and Diagnosis. Centre for Disease Control.

Chang G, McNamara TK, Orav EJ, Koby D, Lavigne A, Ludman B, Vincitorio NA, Wilkins-Haug L (2005) Brief Intervention for Prenatal Alcohol Use: A Randomized Trial. Obstet Gynecol 105(5 Pt 1): 991–998. doi: 10.1097/01.AOG.0000157109.05453.84.

Chersich MF, Urban M, Olivier L, Davies LA, Chetty C, Viljoen D (2012) Universal prevention is associated with lower prevalence of fetal alcohol spectrum disorders in Northern Cape, South Africa: a multicentre before-after study. Alcohol and Alcoholism 47(1): 67–74. doi: 10.1093/alcalc/agr145.

Child Welfare Information Gateway (2014). Parental substance use and the child welfare system. Washington, DC: U.S. Department of Health and Human Services, Children's Bureau

Chudley et al. (2005) Fetal alcohol spectrum disorder: Canadian guidelines for diagnosis. CMAJ 172(5 Suppl): S1–S21.

Clarren SK, Chudley AE, Wong L, Friesen J, Brant R (2010) Normal distribution of palpebral fissure lengths in Canadian school age children. Can J Clin Pharmacol 17: e67–e78.

Coleman MA, Coleman NC, Murray JP (1990) Mutual support groups to reduce alcohol consumption by pregnant women: marketing implications. Health Mark Q 7(3–4): 47–63.

Cone-Wesson B (2005) Prenatal alcohol and cocaine exposure: influences on cognition, speech, language, and hearing. J Commun Disord 38: 279–302.

Crocker N, Riley EP, Mattson SN (2015) Visual-spatial abilities relate to mathematics achievement in children with heavy prenatal alcohol exposure. Neuropsychology 29: 108–116.

Czerner F (2010) Der Schutz des ungeborenen Kindes vor der eigenen Mutter durch zeitliche Vorverlagerung zivil- und strafrechtlicher Regelungen? Überlegungen zum Abschlussbericht »Familiengerichtliche Maßnahmen bei Gefährdung des Kindeswohls« vom 14. Juli 2009 bei Alkoholembryopathie. Zeitschrift für Kindschafts- und Jugendrecht 7: 220–227.

Daniel R, Novak A, Radler D (2010) Schwangerschaft und Alkohol. Konsequenzen einer in utero-Alkoholexposition für das Kind. Sucht 56(3–4): 153–165.

De Santis et al. (2011) Smoking, alcohol consumption and illicit drug use in an Italian population of pregnant women. European Journal of Obstetrics & Gynecology and Reproductive Biology 159: 106–110.

de Vries MM, Joubert B, Cloete M, Roux S, Baca BA, Hasken JM et al. (2016) Indicated Prevention of Fetal Alcohol Spectrum Disorders in South Africa: Effectiveness of Case Management. International Journal of Environmental Research and Public Health 13(1): 76. doi: 10.3390/ijerph13010076.

Deutsche Hauptstelle für Suchtfragen e.V. (2008) Consumer Labelling and Alcohol Drinks. Hamm: DHS.

Deutsche Hauptstelle für Suchtfragen e.V. (2015) Factsheet Alkohol in der Schwangerschaft. Hamm: DHS.

Doney R, Lucas BR, Jones T, et al. (2014) Fine motor skills in children with prenatal alcohol exposure or fetal alcohol spectrum disorder. J Dev Behav Pediatr. 35:598-609.

Drogenbeauftragte der Bundesregierung (2010) Pressemitteilung der Drogenbeauftragten der Bundesregierung »Drogenbeauftragte startet Entwicklung von Leitlinien zur Diagnostik des fetalen Alkoholsyndroms«. Berlin: Bundesministerium für Gesundheit.

Drogenbeauftragte der Bundesregierung (2011) Pressemitteilung der Drogenbeauftragten der Bundesregierung »Mutterpass geändert«. Berlin: Bundesministerium für Gesundheit.

Drogenbeauftragte der Bundesregierung: Drogen- und Suchtbericht (2009). Bundesministerium für Gesundheit: Berlin.

Drogenbeauftragte der Bundesregierung: Drogen- und Suchtbericht (2017). Bundesministerium für Gesundheit: Berlin.

Druschel CM, Fox DJ (2007) Issues in estimating the prevalence of fetal alcohol syndrome: examination of 2 counties in New York State. Pediatrics 119: e384–e390.

Dufour MC, Williams GD, Campbell KE, Aitken SS (1994) Knowledge of FAS and the risks of heavy drinking during pregnancy, 1985 and 1990. Alcohol Health and Research World 18(1): 86–92.

Ebert D, Berking M, Cuijpers P, Lehr P, Pörtner M, Baumeister H (2015) Increasing the acceptance of internet-based mental health interventions in primary care patients with depressive symptoms. A randomized controlled trial. Journal of Affective Disorders 176: 9–17.

Ecclestone C, Fisher E, Craig L, Duggan GB, Rosser BA, Keogh E (2014) Psychological therapies (internet-delivered) for the management of chronic pain in adults. Cochrane Database Syst Rev. 2014 Feb 26;(2):CD010152. doi: 10.1002/14651858.CD010152.pub2.

Elliot L, Coleman K, Suebwongpat A, Norris S (2008) Fetal Alcohol Spectrum Disorders (FASD): Systematic reviews of prevention, diagnosis and management. Health Services Assessment Collaboration: HSAC Report 1(9).

Eurobarometer (2010) EU citizens attitudes towards alcohol. https://ec.europa.¬eu/health/alcohol/eurobarometers_en (Zugriff am 18.05.2018).

Europäische Union (2006) Mitteilung der Kommission an den Rat, das Europäische Parlament, den Europäischen Wirtschafts- und Sozialausschuss und den Ausschuss der Regionen. Eine EU-Strategie zur Unterstützung der Mitgliedstaaten bei der Verringerung alkoholbedingter Schäden. http://eur-¬lex.europa.eu/legal-content/EN/TXT/?uri=CELEX:52006DC0625 (Zugriff am 18.05.2018).

European Monitoring Centre for Drugs and Drug Addiction (2012) Pregnancy, childcare and the family: key issues for Europe's response to drugs. Luxemburg: Publication Office of the European Union.

Fagerström KO, Schneider NG (1989) Measuring nicotine dependence: A review of the Fagerström Tolerance Questionnaire. J Behav Med 12: 159–181.

Famy C, Streissguth AP, Unis AS (1998) Mental illness in adults with fetal alcohol syndrome or fetal alcohol effects. Am J Psychiatry. 155(4): 552–554.

Farke W, Wiesgen-Pick A (2011) Gesetzlich vorgeschriebene Warnhinweise bei alkoholhaltigen Getränken hinsichtlich des fetalen Alkoholsyndroms (FAS). Suchttherapie 12: 119–121.

France KE, Donovan RJ, Bower C, Elliott EJ, Payne JM, D'Antoine H, Bartu AE (2014) Messages that increase women's intentions to abstain from alcohol during pregnancy: results from quantitative testing of advertising concepts. BMC Public Health 14: 30. doi: 10.1186/1471-2458-14-30.

Friguls B, Joya X, Garcia-Serra J, Gómez-Culebras M, Pichini S, Martinez S, Vall O, Garcia-Algar O (2012) Assessment of exposure to drugs of abuse during pregnancy by hair analysis in a Mediterranean island. Addiction 107(8): 1471–1479. doi: 10.1111/j.1360-0443.2012.03828.

Fröschl B, Brunner-Ziegler S, Wirl C (2013) Prävention des fetalen Alkoholsyndroms. Schriftenreihe Health Technology Assessment, Band 130. Köln: DIMDI.

Fuglestad AJ, Whitley ML, Carlson SM, et al. (2014) Executive functioning deficits in preschool children with Fetal Alcohol Spectrum Disorders. Child Neuropsychol 11: 1–16.

GEDA Studie zur Gesundheit in Deutschland des Robert Koch Instituts. http://¬dip21.bundestag.de/dip21/btd/18/033/1803378.pdf

Gmel G, Kuntsche E, Rehm J (2011) Risky single-occasion drinking: bingeing is not bingeing. Addiction 106: 1037–1045.

Gomes de Matos E, Atzendorf J, Kraus L, Piontek D (2016) Substanzkonsum in der Allgemeinbevölkerung in Deutschland. Ergebnisse des Epidemiologischen Suchtsurveys 2015. Sucht 62: 271–281.

Gordon RS Jr (1983) An operational classification of disease prevention. Public Health Rep 98(2): 107–109.

Göransson et al. (2003) Fetus at risk: prevalence of alcohol consumption during pregnancy estimated with a simple screening method in Swedish antenatal clinics. Addiction 98: 1513–1520.

Hankin JR (1994) FAS Prevention Strategies. Alcohol Health and Research World 18(1): 62–66.

Hoff T, Farke W, Rossenbach A, Münzel B (2011) Neuer Präventionsansatz zur Vermeidung und Reduzierung von Suchtmittelkonsum in der Schwangerschaft. Suchttherapie 12: 115–118.

Hoff T, Laux B, Münzel B, Farke W, Kollmann M (2013) Screening des Alkohol- und/oder Tabakkonsums im Rahmen der Schwangerschaftsberatung – Erfahrungen aus dem Kölner Präventionsansatz. Suchttherapie 14: 178–182.

Hoff T, Laux B, Münzel B, Rossenbach A, Vinke H (2014) Sachbericht zur 2. Förderphase »Verbreitung bewährter Präventionsansätze zur Vermeidung und Reduzierung von Suchtmittelkonsum in Schwangerschaft und Stillzeit«: Kölner Interventionsmodell zur Prävention des Alkohol- und/oder Tabakkonsums in Schwangerschaft und Stillzeit. Kooperationsprojekt des Sozialdienst katholischer Frauen Köln e.v. und des Deutschen Instituts für Sucht- und Präventionsforschung der KatHO NRW. http://docplayer.org/45144201-Koelner-interventionsmodell-zur-praevention-des-alkoholund-oder-tabakkonsums-in-schwangerschaft-und-stillzeit.html (Zugriff am 18.05.2018).

Hoff T, Klein M (Hrsg.) (2015) Evidenzbasierung in der Suchtprävention. Möglichkeiten und Grenzen in Praxis und Forschung. Berlin, Heidelberg: Springer.

Hoyme HE, May PA, Kalberg WO, et al. (2005) A Practical Clinical Approach to Diagnosis of Fetal Alcohol Spectrum Disorders: Clarification of the 1996 Institute of Medicine Criteria. Pediatrics 115(1): 39–47.

Hungerford DW, Hymbaugh KJ, Floyd RL (1994) Alcohol abuse during pregnancy – identification and management. The female patient 19: 27-49.

IFT Nord (2018) »Schwanger? Dein Kind trinkt mit! Alkohol? Kein Schluck – Kein Risiko!«. Evaluation der Wirksamkeit und Akzeptanz einer Maßnahme zur Primärprävention des Fetalen Alkoholsyndroms (FASD) in Schulen. https://www.ift-nord.de/forschung/evaluation-fasd/ (Zugriff am 07.09.2018).

John U, Hapke U, Rumpf HJ et al. (1996) Prävalenz und Sekundärprävention von Alkoholmissbrauch und -abhängigkeit in der medizinischen Versorgung. (Schriftenreihe des Bundesministeriums für Gesundheit, Band 71.) Baden-Baden: Nomos.

Jones KL (2011) The effects of alcohol on fetal development. Birth Defects Res C Embryo Today 93: 3–11.

Johnson ME, Robinson RV, Corey S, Dewane SL, Brems C, Casto LD (2010) Knowledge, attitudes, and behaviors of health, education, and service professionals as related to fetal alcohol spectrum disorders. International Journal of Public Health 55(6): 627–635.

Jonsson E, Salmon A, Warren KR (2014) The international charter on prevention of fetal alcohol spectrum disorder. The Lancet 2(3): e135–e137. doi: http://dx.doi.org/10.1016/S2214-109X(13)70173-6.

Knight M, Plugge E (2005). Risk factors for adverse perinatal outcomes in imprisoned pregnant women: a systematic review. BMC Public Health 5: 111.

Kodituwakku PW (2010) A neurodevelopmental framework for the development of interventions for children with fetal alcohol spectrum disorders. Alcohol 44: 717–728.

Kodituwakku PW, Kodituwakku EL (2011) From research to practice: An integrative framework for the development of interventions for children with fetal alcohol spectrum disorders. Neuropsychol Rev 21: 204–223.

Kollmann M (2013) Kompetenzen von SozialarbeiterInnen im Pflege- und Adoptionsdienst der Jugendämter zum fetalen Alkoholsyndrom (FAS). Pfad 2: 15–18.

Kolip P, Schaefer I, Alfes J (2013) Modellvorhaben zur Prävention von Suchtmittelkonsum in Schwangerschaft und Stillzeit. Kurzfassung des Abschlussberichts der ersten Förderphase. Bielefeld: Universität Bielefeld.

Kolip P, Gerken U, Schaefer I, Mühlbach A, Gebhardt B (2013) Gesundheit fördern in vernetzten Strukturen. Evaluation settingorientierter Gesundheitsförderung. Weinheim, Basel: Beltz/Juventa.

Korkman M, Kettunen S, Autti-Ramo I (2003) Neurocognitive impairment in early adolescence following prenatal alcohol exposure of varying duration. Child Neuropsychol 9: 117–128.

Kuehn D, Aros S, Cassorla F, Avaria M, Unanue N, Henriquez C, Kleinsteuber K, Conca B, Avila A, Carter TC, Conley MR, Troendle J, Mills JL (2012) A prospective cohort study of the prevalence of growth, facial, and central nervous system abnormalities in children with heavy prenatal alcohol exposure. Alcohol Clin Exp Res 36: 1811–1819.

Landgraf MN, Nothacker M, Kopp IB, Heinen F (2013) The diagnosis of fetal alcohol syndrome. Dtsch Arztebl Int 110(42): 703–710.

Landgraf MN, Heinen F (2013) Fetales Alkoholsyndrom. S3-Leitlinie zur Diagnostik. Stuttgart: Kohlhammer.

Landgraf MN, Heinen F (2016a) S3-Leitlinie Diagnose der Fetalen Alkoholspektrumsstörungen. http://www.awmf.org/leitlinien/detail/ll/022-025.html (Zugriff am 18.05.2018).

Landgraf MN, Heinen F (2016b) Fetale Alkoholspektrumstörungen – FASD Diagnostik in der Kinder- und Jugendmedizin. Praxisguide der S3 Leitlinie. Monatsschrift Kinderheilkunde ePub 10/2016.

Landgraf MN, Giese RM, Heinen F (2017) Fetale Alkoholspektrumstörungen – Diagnose, neuropsychologische Testung und symptomorientierte Förderung. Zeitschrift für Kinder- und Jugendpsychiatrie und Psychotherapie 45(2): 1-14.

Larsson, M (2009) A descriptive study of the use of the Internet by women seeking pregnancy-related information. Midwifery 25: 14–20.

Lucas BR, Latimer J, Pinto RZ, Ferreira ML, Doney R, Lau M, Jones T, Dries D, Elliott EJ (2014) Gross motor deficits in children prenatally exposed to alcohol: a meta-analysis. Pediatrics 134(1): e192–e209.

Magnusson et al. (2007) Hazardous alcohol users during pregnancy: Psychiatric health and personality traits. Drug and Alcohol Dependence 89: 275–281.

Malone M, Koren G (2012) Alcohol-induced behavioural problems in fetal alcohol spectrum disorders versus confounding behavioural problems. J Popul Ther Clin Pharmacol 19: e32–e40.

Mårdby AC, Lupattelli A, Hensing G, Nordeng 4 (2017) Consumption of alcohol during pregnancy-A multinational European study. Women Birth 19. doi: http://dx.doi.org/10.1016/j.wombi.2017.01.003.

May PA, Blankenship J, Marais AS, Gossage JP, Kalberg WO, Barnard R, de Vries M, Robinson LK, Adnams CM, Buckley et al. (2013) Approaching the prevalence of the full spectrum of fetal alcohol spectrum disorders in a South Africa population-based study. Alcohol Clin Exp Res 37: 818–830.

May PA, Fiorentino D, Phillip Gossage J, et al. (2006) Epidemiology of FASD in a province in Italy: Prevalence and characteristics of children in a random sample of schools. Alcohol Clin Exp Res 30: 1562–1575.

May PA, Fiorentino D, Coriale G, et al. (2011) Prevalence of children with severe fetal alcohol spectrum disorders in communities near Rome, Italy: new estimated rates are higher than previous estimates. Int J Environ Res Public Health 8: 2331–2351.

Mayo-Wilson E, Montgomery P (2013) Media-delivered cognitive behavioural therapy and behavioural therapy (selfhelp) for anxiety disorders in adults. Cochrane Database of Systematic reviews, Issue 9. https://www.cochranelibrary.com/cdsr/doi/10.1002/14651858.CD005330.pub4/full (Zugriff am 07.09.2018).

McGee CL, Bjorkquist OA, Price JM, Mattson SN, Riley EP (2009) Social information processing skills in children with histories of heavy prenatal alcohol exposure. J Abnorm Child Psychol 37: 817–830.

Melioli T, Bauer S, Franko DL, Moesner M, Ozer F, Chabrol H, Rodgers RF (2016) Reducing eating disorder symptoms and risk factors using the internet: A meta-analytic review. International Journal of Eating disorders 49(1): 19–31.

Merzenich H, Lang P (2002) Alkohol in der Schwangerschaft – ein kritisches Resümee. Köln: Bundeszentrale für gesundheitliche Aufklärung (BzgA), Forschung und Praxis der Gesundheitsförderung, Band 17.

Meyers RJ, Smith JE (2011) CRA-Manual zur Behandlung von Alkoholabhängigkeit: erfolgreicher behandeln durch positive Verstärkung im sozialen Bereich. (Übersetzt und überarbeitet von Wolfgang Lange, Martin Reker und Katharina Spitzberg.) 4. Aufl. Bonn: Psychiatrie-Verlag.

Miller WR, Rollnick S (1991) Motivational interviewing: Preparing people to change addictive behavior. New York: Guilford Press.

Mullally et al. (2011) Prevalence, predictors and perinatal outcomes of periconceptional alcohol exposure-retrospective cohort study in an urban obstetric population in Ireland. BMC Pregnancy and Childbirth 11: 27.

Murphy DJ, Mullally A, Cleary BJ, Fahey T, Barry J (2013) Behavioural change in relation to alcohol exposure in early pregnancy and impact on perinatal outcomes – a prospective cohort study. BMC Pregnancy Childbirth 16(13): 8.

Mwansa-Kambafwile J, Rndall-Mkosi K, Jacobs R, Nel E, Londin L (2011) Evaluation of a service provider short course for prevention of fetal alchol syndrome. Journal of Studies on Alcohol and Drugs 72(4): 530–535.

Nash K, Koren G, Rovet J (2011) A differential approach for examining the behavioural phenotype of fetal alcohol spectrum disorders. J Popul Ther Clin Pharmacol 18: e440–e453.

Nash K, Stevens S, Rovet J, Fantus E, Nulman I, Sorbara D, Koren G (2013) Towards identifying a characteristic neuropsychological profile for fetal alcohol spectrum disorders. 1. Analysis of the Motherisk FASD clinic. J Popul Ther Clin Pharmacol 20: e44–e52.

Niccols A (2007) Fetal alcohol syndrome and the developing socio-emotional brain. Brain Cogn 65: 135–142.

Olsen J (1993) Predictors of smoking cessation in pregnancy. Scand J Soc Med 21: 197–202.

O'Connor MJ, Whaley SE (2007) Brief intervention for alcohol use by pregnant women. Am J Public Health 97(2): 252–258.

Paolozza A, Rasmussen C, Pei J, et al. (2014) Working memory and visuospatial deficits correlate with oculomotor control in children with fetal alcohol spectrum disorder. Behav Brain Res 263: 70–79.

Paul M (2017) Netzwerke »Frühe Hilfen«. In: Drogenbeauftragte der Bundesregierung (Hrsg.) Drogen- und Suchtbericht. Bundesministerium für Gesundheit: Berlin. S. 113–115.

Pearton JL, Ramugondo E, Cloete L, Cordier R (2014) Playfulness and prenatal alcohol exposure: a comparative study. Aust Occup Ther J 61: 259–267.

Piontek D, Gomes de Matos E, Atzendorf J, Kraus L (2016) Kurzbericht Epidemiologischer Suchtsurvey 2015. Tabellenband: Alkoholkonsum, episodisches Rauschtrinken und Hinweise auf klinisch relevanten Alkoholkonsum nach Geschlecht und Alter im Jahr 2015. München: IFT Institut für Therapieforschung.

Popova S, Lange S, Shield K, Mihic A, Chudley AE, Mukherjee RA, Bekmuradov D, Rehm J (2016) Comorbidity of fetal alcohol spectrum disorder: a systematic review and meta-analysis. Lancet 387: 978–987.

Postel M, de Haan H, ter Huurne E, Becker E, de Jong CAJ (2010) Effectiveness of a web-based intervention for problem drinkers and reasons for dropout: Randomized controlled trial. Journal of Medical Internet Research 12: 11–22.

Quattlebaum JL, O'Connor MJ (2013) Higher functioning children with prenatal alcohol exposure: is there a specific neurocognitive profile? Child Neuropsychol 19: 561–578.

Rasmussen C (2005) Executive functioning and working memory in Fetal Alcohol Spectrum Disorder. Alcohol Clin Exp Res 29: 1359–1367.

Rebhan et al. (2009) Rauchen, Alkoholkonsum und koffeinhaltige Getränke vor, während und nach der Schwangerschaft – Ergebnisse aus der Studie »Stillverhalten in Bayern«. Gesundheitswesen 71: 391–398.

Reynolds CM, Egan B, McKeating A, Daly N, Sheehan SR, Turner MJ (2017) Five Year Trends in Maternal Smoking Behaviour Reported at the First Prenatal Appointment. Ir J Med Sci. doi: 10.1007/s11845-017-1575-2.

Richards D, Richardson T (2012) Computer-based psychological treatments for depression: A systematic review and meta-analysis. Clinical Psychology Review 32: 329–342.

Riper H, Spek V, Boon B, Conijn B, Kramer J, Martin-Abello K, Smit F (2011) Effectiveness of E-Self-help Interventions for Curbing Adult Problem Drinking: A Meta-analysis. Journal of Medical Internet Research 13 (2): e42. doi: 10.2196/jmir.1691.

Roca Comas A, Vila Domènech JS, Massa Solé J, Timoneda Paz P, Peñas Boira M, Herrero Espinet FJ, Sánchez Jiménez J, Ballester Martínez A (2017) Prevalence of illicit drug use at the end of pregnancy: a cross-sectional study at the time of birth. Minerva Pediatr 7. doi: 10.23736/S0026-4946.17.04664-3.

Rumpf H-J, Bischof G, Demmel R, Freyer-Adam J, Kremer G, Neumann T, Wirth N, Mann K, Hoch E (2016) Kurzinterventionen. In: K Mann, E Hoch, A Batra (Hrsg.) S3-Leitlinie Screening, Diagnose und Behandlung alkoholbezogener Störungen. Berlin: Springer. S. 30–39.

Sack P-M, Zenker C (2009) Schwangere und Eltern mit Suchtmittelkonsum im Hilfesystem – wie wirkt die Netzwerkarbeit? Schlussbericht im Auftrag des Bundesministeriums für Gesundheit. Hannover / Hamburg: Fachverband Drogen und Rauschmittel e.V. (fdr) / Deutsches Zentrum für Suchtfragen des Kindes- und Jugendalters (DZSKJ).

Sarimski K, Banse M (2010) Fetales Alkoholsyndrom und Alkoholspektrumsstörung – eine zu wenig beachtetet Entwicklungsstörung in der Frühförderung. Frühförderung interdisziplinär 29: 172–182.

Schaefer I, Alfes J, Kolip P (2014) Prävention von Suchtmittelkonsum in Schwangerschaft und Stillzeit. Prävention 2: 48–51.

Scherbaum N, Specka M, Löwendick C (2012) Kurzbericht: Verbesserung der Betreuung von Schwangeren mit Alkohol- und Nikotinkonsum durch Erarbeitung eines Weiterbildungs-Curriculums für Gynäkologen sowie Aufbau einer telefonischen Hotline zur Beratung von Ärzten und Schwangeren. Berlin: Bundesministerium für Gesundheit.

Schindler G (2017) Die Fetale Alkoholspektrumstörung – Die wichtigsten Fragen der sozialrechtlichen Praxis. http://www.drogenbeauftragte.de/fileadmin/¬dateien-dba/Drogenbeauftragte/4_Presse/1_Pressemitteilungen/2017/2017_¬III_Quartal/DDB_sozR-FASD_2017_A4_WEB.pdf (Zugriff am 18.05.2018).

Siedentopf JP, Nagel M, Büscher U, Dudenhausen JW (2004) Alkoholkonsumierende Schwangere in der Schwangerenberatung. Deutsches Ärzteblatt 101 (39): 2623–2626.

Siedentopf JP, Nagel M (2006) Underreporting des Alkoholkonsums in der Schwangerenberatung. In: Bergmann RL, Spohr HL, Dudenhausen JW (Hrsg.) Alkohol in der Schwangerschaft. Häufigkeit und Folgen. München: Urban & Vogel. S. 33–37.

Siedentopf JP, Nagel M (2014) Prävention von FAS und FASD. In: Spohr H-L (Hrsg.) Das fetale Alkoholsyndrom. Berlin/Boston: de Gruyter. S. 201–213.

Spohr HL, Steinhausen HC (2008) Fetal alcohol spectrum disorders and their persisting sequelae in adult life. Dtsch Arztebl Int 105: 693–698.

Stade BC, Bailey C, Dzendotelas D, Sgro M, Dowswell T, Bennett D (2009) Psychological and/or educational interventions for reducing alcohol consumption in pregnant women and women planing pregnancy. Cochrane Database of Systematic Reviews, Issue 2: 004228.

Stiegler A, Abele H, Batra A (2016a) IRIS – An internet based intervention as a suitable path to addictive substance use prevention and counselling in pregnancy? Beneficiary profiles and user satisfaction. Geburtsh Frauenklinik 76: 1163–1171.

Stiegler A, Bieber L, Karacay K, Wernz F, Batra A (2016b) Barrieren in der Thematisierung des Tabak- und Alkoholkonsums Schwangerer in der gynäkologischen Praxis. Eine Fokusgruppenstudie mit Frauenärzten. Gesundheitswesen 78(12): 816–821.

Strandberg-Larsen K et al. (2008) Characteristics of women who binge drink before and after they become aware of their pregnancy. Eur J Epidemiol 23: 565–572.

Streissguth AP et al. (2004) Risk Factors for Adverse Life Outcomes in Fetal Alcohol Syndrome and Fetal Alcohol Effects. J Dev Behav Pediatr 25: 228–238.

Strömland K, Chen Y, Norberg T, Wennerström K, Michael G (1999) Reference values of facial features in Scandinavian children measured with a range-camera technique. Scand J Plast Reconstr Hand Surg 33: 59–65.

Swajcer EM, Hiddink GJ, Koelen MA et al. (2005) Nutrition-related information-seeking behaviours before and throughout the course of pregnancy: consequences for nutrition communication. Eur J Clin Nutr 59: 57–65.

Tait RJ, Spijkerman R, Riper H (2013) Internet and computer based interventions for cannabis use: a meta-analysis. Drug Alcohol Depend 133: 295–304.

Tossmann P, Leuschner F, Jonas B, Goecke M, Lange P (2016) Online-Interventionsprogramme zur Reduzierung des Alkohol- und Cannabiskonsums – Ein Überblick über den aktuellen Forschungsstand. Sucht 62(2): 95–106.

TNS Infratest (2014) »Alkohol und Schwangerschaft«. KW 35/2014. Ergebnisse einer repräsentativen Studie der TNS Infratest Politikforschung im Auftrag der Fachstelle Berlin für Suchtprävention gGmbH – Tabellarische Übersicht. Berlin.

Tzilos GK, Sokol RJ, Ondersma SJ (2011) A randomized phase I trial of a brief computer-delivered intervention for alcohol use during pregnancy. Journal of Women's Health 20(10): 1517–1524.

Unger F (2003) Medizinische Ethik 1. Grundlagen und Handlungsfelder. Weimar: Verlag und Datenbank für Geisteswissenschaften.

U.S. Department of Health and Human Services (2014) Substance Abuse and Mental Health Services Administration, Results from the 2013 National Survey on Drug Use and Health: Summary of National Findings, NSDUH Series H-48, HHS Publication No. (SMA) 14-4863. Rockville, MD: Substance Abuse and Mental Health Services Administration.

Warren KR, Li TK (2005) Genetic polymorphisms: impact on the risk of fetal alcohol spectrum disorders. Birth Defects Res A Clin Mol Teratol 73(4): 195–203.

Waterson EJ, Murray-Lyon IM (1990) Screening for alcohol related birth damage: a review. Social Science and Medicine 30(3): 349–634.

Waterson EJ, Evans C, Murray-Lyon IM (1990) Is pregnancy a time for changing drinking and smoking patterns for fathers as well for mothers? Br J Addict 85: 389–396.

Uhl A (1997) Probleme bei der Evaluation von Präventionsmaßnahmen im Suchtbereich. Wiener Zeitschrift für Suchtforschung 20(3/4): 93–109.

Vogt I, Hoch E, Thomasius R, Winkler K (2015) Frauen und Alkoholabhängigkeit: Aktueller Forschungsstand zur Effektivität psychotherapeutischer Behandlungen als Grundlagen für Behandlungsempfehlungen. Suchttherapie 16: 110–117.

Vogt I, Winkler K, Hoch E (2016) Schwangere/erwachsene Frauen. In: K Mann, E Hoch, A Batra (Hrsg.) S3-Leitlinie Screening, Diagnose und Behandlung alkoholbezogener Störungen. Berlin: Springer. S. 142–154.

Welsch L, Ammann M, Feldmann R (2013) Möglichkeiten der FASD-Prävention in Schulen. In: R Feldmann, G Michalowski, K Lepke, FASD Deutschland e.V. (Hrsg.) Perspektiven für Menschen mit Fetalen Alkoholspektrumstörungen (FASD). Einblicke – Ausblicke. Idstein: Schulz-Kirchner Verlag. S. 200–217.

White A, Kavanagh D, Stallman H, Klein B, Kay-Lambkin F, Proudfoot J et al. (2010) Online Alcohol Interventions: A systematic Review. Journal of Medical Internet Research 12(5): e62. doi: 10.2196/jmir.1479.

Wilton G, Moberg DP, Van Stelle KR, Dold LL, Obmascher K, Goodrich J (2013) A randomized trial comparing telephone vs. in-person brief intervention to reduce the risk of an alcohol-exposed pregnancy. Journal of Substance Abuse Treatment 45(5): 389–394.

Zhang X, Sliwowska JH, Weinberg J (2005) Prenatal alcohol exposure and fetal programming: effects on neuroendocrine and immune function. Exp Biol Med (Maywood) 230: 376–388.

Weiterführende Informationen

Literatur zur vertiefenden Lektüre

Becker G, Hennicke K, Klein M (Hrsg.) (2015) Suchtgefährdete Erwachsene mit Fetalen Alkoholspektrumstörungen. Diagnostik, Screening-Ansätze und Interventionsmöglichkeiten. Berlin: De Gruyter.
Landgraf MN, Heinen F (2016) Fetale Alkoholspektrumstörungen: S3-Leitlinie zur Diagnostik (Pädiatrische Neurologie). Stuttgart: Kohlhammer.
Spohr H-L (2016) Das fetale Alkoholsyndrom im Kindes- und Erwachsenenalter. Berlin: De Gruyter.

Webseiten

- www.bzga.de
  Internetseite der Bundeszentrale für gesundheitliche Aufklärung
- www.fasd-deutschland.de
  Informationsportal des FASD Deutschland e.V., u. a. auch mit Adressen von diagnostizierenden Kinderärzten und medizinischen bzw. sozialpädiatrischen Zentren
- www.grüne-liste-prävention.de
  Internetseite mit Präventionskonzepten und deren Bewertung nach den Kriterien der Grünen Liste
- www.iris-plattform.de
  Internetseite des Online-Programms für Frauen zur Unterstützung beim Tabak- oder Alkoholverzicht in der Schwangerschaft
- www.awmf.org/leitlinien/detail/ll/022-025.html
  AWMF-Homepage: S3-Leitlinie Fetale Alkoholspektrumstörungen – Diagnostik (2016)

Anhang:

Vorschläge für die neuropsychologische Diagnostik bei Kindern und Jugendlichen mit Verdacht auf FASD

Anhang: Vorschläge für die neuropsychologische Diagnostik

Testverfahren	Abkürzung	Altersbereich
Intelligenz/kognitive Leistungsfähigkeit		
Snijders-Oomen Nonverbaler Intelligenztest	SON-R 2 ½–7	2;6–7;0 Jahre
	SON-R 5 ½–17	5;6–17;0 Jahre
Wechsler Preschool and Primary Scale of Intelligence –Third Edition – Deutsche Version	WPSSI-III	3;0–7;2 Jahre
Wechsler Intelligence Scale for Children – Fourth Edition – Deutsche Version	WISC-IV	6;0–16;11 Jahre
Wechsler-Intelligenztest für Erwachsene	WIE	16;0–89;0 Jahre
Entwicklung		
Klinisch-entwicklungsneurologische Beurteilung		
Bayley Scales of Infant Development II	BSID II	1–24 Monate
Bayley Scales of Infant and Toddler Development III	BSID III	1–24 Monate
Sprache		
Subtests »Wortschatz-Test« und »Gemeinsamkeiten finden« (WPSSI, WISC, WIE)	WPSSI-III	3;0–7;2 Jahre
	WISC-IV	6;0–16;11 Jahre
	WIE	16;0–89;0 Jahre
Skala »Sprachverständnis« (WPSSI, WISC, WIE)	WPSSI-III	3;0–7;2 Jahre
	WISC-IV	6;0–16;11 Jahre
	WIE	16;0–89;0 Jahre
Sprachentwicklungstest für zweijährige Kinder	SETK-2	2;0–2;11 Jahre
Sprachentwicklungstest für drei- bis fünfjährige Kinder	SETK 3-5	3;0–5;11 Jahre
Sprachstandserhebungstest für Fünf- bis Zehnjährige	SET 5-10	5;0–10;11 Jahre

Testverfahren	Abkürzung	Altersbereich
Fein-/Graphomotorik und grobmotorische Koordination		
Klinisch-neurologische Beurteilung		
Movement Assessment Battery for Children	M-ABC-2	3;0–16;11 Jahre
Zürcher Neuromotorik		5;0–18;11 Jahre
Räumlich-visuelle Wahrnehmung und räumlich-konstruktive Fähigkeiten		
Developmental Test of Visual Perception	DTVP-2	4;0–10;11 Jahre
Developmental Test of Visual Perception (Adolescent and Adult)	DTVP-A	11;0–75;0 Jahre
Abzeichentest für Kinder	ATK	7;0–12;0 Jahre
Rey Complex Figure Test and Recognition Trial	RCFT	6;0–89 Jahre
Subtests »Mosaik-Test« (SON-R, WPSSI, WISC, WIE), »Figuren legen« (WPSSI, WISC, WIE)	SON-R	2;6–7;0 Jahre
	WPSSI	3;0–7;2 Jahre
	WISC	6;0–16;11 Jahre
	WIE	16;0–89;0 Jahre
Lern- und Merkfähigkeit		
Verbaler Lern- und Merkfähigkeitstest	VLMT	6;0–79;0 Jahre
Merk- und Lernfähigkeitstest für 6- bis 16-Jährige	Basic MLT	6;0–16;11 Jahre
Skala »Arbeitsgedächtnis« (WISC)	WISC	6;0–16;11 Jahre
Exekutive Funktionen		
Testbatterie zur Aufmerksamkeitsprüfung (Untertests: GoNogo, Arbeitsgedächtnis, Flexibilität, Inkompatibilität)	TAP	6;0–90;0 Jahre

Anhang: Vorschläge für die neuropsychologische Diagnostik

Testverfahren	Abkürzung	Altersbereich
Testbatterie zur Aufmerksamkeitsprüfung für Kinder (Untertests: GoNogo, Arbeitsgedächtnis, Flexibilität, Inkompatibilität)	KITAP	6;0–10;0 Jahre
Regensburger Wortflüssigkeitstest	RWT	8;0–15;0 Jahre und ab 18;0 Jahre
Turm von London – Deutsche Version	TL-D	6;0–15;0 Jahre und ab 18;0 Jahre
Wisconsin Card Sorting Test	WCST	6;5–89;0 Jahre
Behavioral Assessment of the Dysexecutive Syndrome	BADS	16;0–87;0 Jahre
Behavioral Assessment of the Dysexecutive Syndrome (in children)	BADS-C	8;0–15;11 Jahre
Rechenfertigkeiten		
Deutscher Mathematiktest	DEMAT 1+	Ende der 1. Klasse bis Anfang der 2. Klasse
	DEMAT 2+	Ende der 2. Klasse bis Anfang der 3. Klasse
	DEMAT 3+	letzte sechs Wochen der 3. Klasse bis erste sechs Wochen der 4. Klasse
	DEMAT 4+	drei Wochen vor und nach Halbjahr der 4. Klasse bis sechs Wochen vor Ende der 4. Klasse
Testverfahren zur Dyskalkulie bei Kindern	ZAREKI-K	5;0–7;5 Jahre
	ZAREKI-R	6;6–13;5 Jahre

Testverfahren	Abkürzung	Altersbereich
Aufmerksamkeit		
d2-Aufmersamkeits-Belastungstest	d2	9;0–60;0 Jahre
Testbatterie zur Aufmerksamkeitsprüfung (Untertests: Alertness, Daueraufmerksamkeit, geteilte Aufmerksamkeit)	TAP	6;0–90;0 Jahre
Testbatterie zur Aufmerksamkeitsprüfung für Kinder (Untertests: Alertness, Daueraufmerksamkeit, geteilte Aufmerksamkeit)	KITAP	6;0–10;0 Jahre
Fremd- und Selbst-beurteilungsbögen zum Störungsbereich ADHS aus dem »Diagnostik-System für psychische Störungen nach ICD-10 und DSM-IV für Kinder und Jugendliche II« (DISYPS)	FBB-ADHS SBB-ADHS	3;0–17;11 Jahre 11;0–17;11 Jahre
Intelligence and Development Scales (Untertest: »Aufmerksamkeit selektiv«)	IDS	5;0–10;11 Jahre
Durchstreichtest vom Wechsler Intelligence Scale for Children – Fourth Edition – Deutsche Version	WISC-IV	6;0–16;11 Jahre
Soziale Fertigkeiten und Verhalten		
Elternfragebogen über das Verhalten von Kindern und Jugendlichen = Child-Behavior-Checklist	CBCL	4;0–18;0 Jahre
Youth Self Report	YSR	11;0–18;0 Jahre
Verhaltensfragebogen bei Entwicklungsstörungen	VFE-E	4;0–18;0 Jahre
Strengths and Difficulties Questionnaire	SDQ	6;0–16;0 Jahre

Anhang: Vorschläge für die neuropsychologische Diagnostik

Testverfahren	Abkürzung	Altersbereich
Fremd- und Selbstbeurteilungsbögen zum Störungsbereich Störungen des Sozialverhaltens aus dem »Diagnostik-System für psychische Störungen nach ICD-10 und DSM-IV für Kinder und Jugendliche II« (DISYPS)	FBB-SSV	4;0–17;11 Jahre
	SBB-SSV	11;0–17;11 Jahre
Intelligence and Development Scales (Untertests: »Emotionen erkennen«, »Emotionen regulieren«, »Soziale Situationen verstehen«, »Sozial kompetent handeln«)	IDS	5;0–10;11 Jahre

Stichwortverzeichnis

A

Alkohol
– Besteuerung 91
– Verfügbarkeit 91
alkoholbedingte angeborene Malformationen 31
Alkoholkonsum, mütterlicher 36
Angststörung 56
Arbeits-/Lehrstelle 64
AUDIT-Fragebogen 83
Aufmerksamkeit 35, 41, 62
Aufmerksamkeitsdefizit-Hyperaktivitäts-Störung (ADHS) 50
Aufmerksamkeitsstörung ohne hyperaktive Komponente (ADS) 51

B

Berater-Klientin-Interaktion 80
Bipolare Störung 56
Body Mass Index 32
Bundesministerium für Gesundheit 89
Bundeszentrale für gesundheitliche Aufklärung 97, 106

C

CAGE-Fragebogen 83, 117
Case Management 133
Child Behavior Checklist 50

Community Reinforcement Approach 133

D

Depression 56
Diagnostik
– ARND 42
– FAS 32
– FASD 30
– Fehldiagnose 43
– pFAS 40
– Unterdiagnose 43
Differentialdiagnosen 43

E

Elternarbeit 64
Emotionsregulation 52
Entwicklungsrisiken
– kognitiv 50–52
– körperlich 47
– psychosozial 53, 56, 62
Entwicklungsverzögerung 35, 62
Epilepsie 35, 41
Erziehungskompetenztraining 117
Ethische Machbarkeit 81–82
EU-Strategie zur Unterstützung der Mitgliedstaaten bei der Verringerung alkoholbedingter Schäden 2006 88
Evidenzbasierung 104
Exekutivfunktionen 35, 41, 51

F

Fagerström-Fragebogen 117
Feinmotorik 35, 41
Fetale Pathologie 44
Förderung 61–62, 65
Fütterstörungen 62

G

Geburtsgewicht 32
Geburtslänge 32
Gedächtnisstörung 50
genetisch bedingte
 Erkrankungen 45
Gesetzeskonflikte 56, 62
Gesichtsauffälligkeiten 32–33, 40
gestörte intrauterine
 Versorgung 44
Grobmotorik 41
Grüne Liste Prävention 101

H

Health Technology Assessment
 (HTA)-Bericht 82, 86, 113

I

inadäquates sexuelles Verhalten 56
Intelligenzminderung 34, 50
intrauterine Alkoholexposition 27,
 36, 42–43
Inzidenz 75
IRIS 124
irreversible toxische
 Gehirnschädigung 27

K

Kindergarten-/Schulform 64
Komorbidität 48
Konsumgrenzrichtwert 80
Koordinationsstörung 52
Körpergewicht 32
Körperlänge 32

L

Lebenskompetenz 101, 104
Lernfähigkeit 35, 41
Lidspaltenlänge 33, 40
– Messung 33
Lip-Philtrum-Guide 33

M

Malformationen innerer Organe
 47
– Augen 48
– geringe Anomalien 48
– Herz 48
– Niere 48
– Ohren 48
– Skelett 48
massenmediale Kampagnen 95–96
Merkfähigkeit 35, 41
Mikrocephalie 36, 46
Misshandlung 56
Motivierende
 Gesprächsführung 112, 117
Motivierung 80, 102
motorische Entwicklung 62
multidisziplinäre Betreuung 62,
 70–71
Multiplikatoren 134

N

neuropsychologisches Profil 61
Niedrigschwelligkeit 130

O

Oberlippe 33, 40
Online-Intervention 89, 123, 127

P

Partner 78, 106–107
Philtrum 33, 40
politische Rahmenbedingungen 88
Prävalenz 75
Prävention
– indiziert 76, 87
– primär 76, 95
– sekundär 79
– selektiv 76, 87
– tertiär 76
– universell 76, 95, 101
– verhaltenspräventiv
– verhältnispräventiv 77
Präventionsgesetz 94
protektive Faktoren 57
– frühe Diagnose 57–58
– Gewaltfreiheit 60
– Umfeld 58
psychoedukativ 117, 124
psychosoziale Einschränkungen 55
Punktnüchternheit 81, 85, 112–113

R

räumlich-konstruktive
 Fähigkeiten 35, 41
räumlich-visuelle
 Wahrnehmung 35, 41
Rechenfertigkeiten 35, 41, 52
Risikofaktoren für Alkoholkonsum
– Alter 23
– gesundheitsbezogen 24
– Nationalität 23
– psychologische 24
– Schwangerschaftsbesonderheiten 25
– soziale Umgebung 24
– sozioökonomischer Status 24
Risikofaktoren für FASD 25
– kindbezogen 26

S

S3-Leitlinie 31
Schlaf-Wach-Rhythmus 62
Schule 101
Schwangerschaftsberatungsstellen 108, 111, 113, 122
Screening 77, 83, 107, 112–113, 115–116, 119
Sekundärerkrankung 55
SKOLL 112, 117
soziale Einflussnahme 101
soziale Fertigkeiten 35, 41
soziale Unterstützung 107
Sozialpädiatrische Zentren SPZ 70
Sprache 35, 41, 50
Stepped-Care-Modell 112
Stigmatisierung 31, 43

T

T-ACE-Fragebogen 83
Therapie 63, 65
– Eltern-fokussierte 63

- Ergotherapie 66
- funktionelle 61
- kausale 61
- Kurzinterventionen 77, 79, 85, 87, 106–107, 112
- medikamentöse 69
- patientenfokussierte 63
- Physiotherapie 66
- Psychotherapie 66
- sozial- und heilpädagogische Therapie 68
- Sprachtherapie 66
Toxische Effekte 45

V

VÄSE-Fragebogen 117
Verhaltensauffälligkeiten 52

Verlaufsbeurteilungen 62
vernetzte Versorgung 70

W

Wachstumsauffälligkeiten 32
Wachstumsstörungen 44
- postnatal 44
- pränatal 44
Warnhinweise 91, 95, 98
Wirksamkeit 86–87, 98, 100–101, 121, 128

Z

ZNS-Auffälligkeiten
- funktionell 34–35, 40–41, 43, 45
- strukturell 36, 43, 46